＼親子で／

「海釣り」

徹底サポート BOOK

子どもと
楽しむ

堤防・浅場・船釣りのコツ 48

プロアングラー・日本釣振興会神奈川県支部長

監修：山口 充

釣りを通してたくさんの笑顔が見られますように
「釣れない」から「釣れた！」を、大人も一緒に体験しよう

子どもを海や河川に連れて行くときは

目を離さない。すぐ手が伸ばせる距離感で一緒に遊ぼう

必ずライフジャケットを着用しよう

大人ひとりで面倒を見るのは 2 人までにしよう

海の事故は 118（海上保安庁）にかけよう

聴覚・言語障害の方は NET118 を利用

※聴覚・言語障害の方はこちらから読み取り、空メールを送ると NET118 サービスへの事前申請ができます。スマホの画面の入力操作により、海上保安庁への緊急時の通報が可能。必ず事前に登録してすぐに使えるようにしておきましょう

CONTENTS

こんにちは！　説明の補足や、注意点をお伝え
する海釣りの妖精のウオリンだよ！
よろしくね！

はじめに

　数あるレジャーの中でも、海、川、湖とさまざまな所で楽しめるのが「釣り」。近年では「釣りをはじめたい」、「ファミリーで楽しんでみたい」という方々が増えて釣り場も賑わっています。「どんな釣りが有るの？」「どんな場所で釣りができるの？」「揃える物は？」「釣りの用語」など、初めての人には判りづらい部分も多く、また釣り場のルールもさまざまにあります。

　今回は代表的な部分をピックアップしてご紹介しています。ファミリーで手軽に楽しめて、釣った魚を持ち帰り、観察したり、料理もできるので、「自然の大切さ」を学ぶことができます。

　船釣りや釣り公園、釣り管理施設などの受け入れも進み充実してきました。また、釣り具メーカー主催、公益財団法人日本釣振興会でも沢山の釣り教室、親子釣り教室が行われていて、専門のスタッフが確りとレクチャーしてくれます。さあ、この本を読んで釣りに出かけてみましょう。

プロアングラー・日本釣振興会神奈川県支部長

山口 充

CHAPTER1

基礎知識

釣りは海や川、湖、管理釣り場など
さまざまなフィールドで楽しむことができます。
まずはやりたい釣りが具体的にどんな釣りなのか
理解してみましょう。

淡水釣りと海釣りの違いは？

ひとくちに釣りといってもさまざまな釣りがあります。まず大きく分類して、川や湖で釣る淡水の釣りと、海で釣る海釣り。本書では、海での釣りを紹介します。

淡水の釣り　川、湖、野池、管理釣り場などに生息する魚を釣る

淡水の釣りは、池や川、湖等で手軽に楽しめるのが魅力。特に渓流に常設されているニジマス釣り場は釣果も上がり、捌く施設や塩焼きで食べることができる場所が多く、ファミリーにはおすすめ。近年は春から秋に楽しめる湖でのドーム船のワカサギ釣りが大人気。池や川は、手長エビやモツゴ（クチボソ）、コイやフナなども手軽に楽しめる。

こんな魚が釣れるよ

ブラックバス（湖・川・野池）

ニジマス（湖・川・管理釣り場）

やりたい釣りを具体的にイメージしてみよう！　そのためには、釣った魚を食べたいかどうか、が判断基準になるよ。川魚も火を通せば食べられるけれど、多彩な調理ができるのは海の魚だよ。

海の釣り　堤防、船釣り、ボート釣り、筏釣りなど多彩な釣り

陸（砂浜、堤防や磯）で釣る場合と船に乗って釣るスタイルがある。周年釣れる魚と、季節によって回ってくる回遊魚など、実にさまざまな魚が狙える。ルアーフィッシングもあれば、エサ釣りもある。海上釣り堀や海釣り公園、地域性のある釣り（イカダ釣りなど）もあり、多様な釣りが楽しめる。近年では船釣りの人気が高い。短い時間の釣り船もある。

こんな魚が釣れるよ

マアジ（堤防・沖合）

メバル（磯・・沖合）

海でどんな釣りや遊びがしたい？

- -

まずはどんな釣りがしたいのか、イメージしてみましょう。実際は多彩な釣りがありますが、ここでは本書で解説している釣りに紐づく内容でチャートを作りました。自分がしたい釣りを絞り込めるようにしています。

START

釣った魚を
食べてみたい？

釣りのあとに調理して旬の魚料理を楽しみたい人は「はい」へ。 もちろん釣れたらいいけど、調理にこだわりはない人は「どちらでも」。まずは遊びながら海に慣れたい人は破線へ

はい

どちらでも

確実に釣りたい？遊びそのものを楽しみたい？

魚を高確率で釣りたい人は破線へ。釣果よりも釣りをしている時間や、自分のペースで釣りを楽しみたい人は実線へ。

たくさん
釣りたい

楽しみたい

P.80

小さな魚で遊びたいなら
ハゼ釣り

ハゼは小さな子どもでも楽しめる釣り。それに加えおいしく食べることもできる。ハゼの天ぷらは絶品！

P.70

浅場で
生き物観察

まだ釣りをするには不安があったり、海に慣れるところから遊ぶなら、生き物観察をしてみよう。貝や甲殻類、小魚がいることを確かめてみよう。

一番大きな違いは、釣った魚をおいしく食べたいのか、どうかでかなり分類できるよ

ハゼ釣りってたのしい！

堤防釣り！ 何が釣れるかドキドキ！

乗合船でおいしい魚を釣るぞ！

P.90

乗合船で沖へ出る
アジ釣り

ビギナーにおすすめなのは、乗合船の半日船。釣れる場所まで連れていってくれて、時間も短い。ボートは海の知識と経験がある大人が同伴しよう。

P.92 P.94

乗合船で沖へ出る
シロギス・メバル釣り

虫が触れるようなら、シロギス釣りやメバル釣りに挑戦してみよう。いずれもおいしい魚で、釣れるときは数も多い。これも半日船などで短時間がおすすめ

P.58

堤防で
サビキ釣り

針先に魚皮等を使い、撒きエサによって魚を寄せて釣るためエサづけを行わない。魚が回遊してくると、イワシやサバ、アジ、コノシロ等さまざまな魚が釣れる。

P.78

砂浜で
シロギス釣り

船酔いの不安がある場合や、竿を振りかぶることができる小学校低学年以降なら砂浜から投げるシロギス釣りがおすすめ。道具とエサがあればチャレンジできる。

本書では施設の紹介はしていないが、海釣り公園だとレンタル釣具があるところも。また、地方によっては、筏釣りなどもあるよ。子どもと一緒に楽しむなら、レンタルがあれば荷物が減るし、トイレなどの設備が充実しているところがおすすめ。保護者の負担を軽減でき、子どもの安全面で安心だよ。

海のエサ釣りとルアー釣り

釣りには海釣り、淡水釣りがあり、さらにはエサ釣りかルアー釣りかで分かれます。エサ釣りはエサの動きとともに、エサのもつ匂いをかぎとり、魚が食いつくようにする釣りです。ルアーは魚の形をした擬似餌を使い、動かし方で魚に捕食してもらって釣りあげます。

エサ釣り　虫や、貝、切り身などのエサを針につけて釣る

針に虫をつける

エサを針につける
付け餌

エサを針先につけて釣る一般的な釣り。虫、貝、イカやサバの切り身など、つけるものはターゲットによる。動かして誘うことはもちろんだが、魚にとって魅力的な匂いがあるため誘いになる。

P.78、92のシロギスはイソメで

コマセ。生臭いので服につかないようにしよう

細かいエサを撒いて魚を寄せる
コマセ

コマセは、アミ（動物性のプランクトン）や、魚の身のミンチしたもの。これを投げ入れ海中にエサの煙幕を作り、寄ってきた魚たちが仕掛けを食べるよう、竿を上下させて煙幕の場所にくるよう調整する。

P.90のマアジはコマセを使って

生き餌は弱らないようにするのが重要だ

生きた魚でおびき寄せる
泳がせ

生きた魚の口と背ビレを針で固定し、海に投入する。泳がせてターゲットの魚に捕食してもらう釣り。生き餌が死んでしまうと喰いつかなかったり、アタリがわからなかったりして逃してしまうこともある。

マゴチはサイマキで

やってみたいのは、エサ釣りなのかルアー釣りなのかを、まずは具体的にイメージしてみよう！

ルアー釣り　擬似餌（ルアー）を動かし、魚を惹きつけ釣る

キャスティングはキャストができる竿で行う

ルアーを投げて動かす
キャスティング

糸の先についたルアーを投げて、適切な動かし方をさせながら手前へ引いてくる。軽いルアーは海面に浮かして糸を巻き、竿の動きでルアーを動かす。重いルアーは海面にもぐらせて動かす。

スズキ（シーバス）

ジギングにもスロージギングなどさらに種類がある

金属でできたルアーを落とす
ジギング

ジグと呼ばれる金属でできた重いルアーで魚を釣る。基本は投げず足元、底まで落とし、竿先を勢いよく上げ動きをつける。上げる、落とすを繰り返し魚を誘う。ジグは数gから200g近いサイズがある。

ブリ（イナダ・ワラサ）

大きいサイズのソフトルアーもある

柔らかい素材のルアーを使う
ソフトルアー

頭部部分にジグヘッドと呼ばれる金属製のパーツがあり、ボディにはやわらかいゴム製のルアーをつける。糸をただ巻くだけでも、まるで生き物のような動きになる。海底に生息する魚に使うことが多い。

P.76 カサゴなど

13

海釣りのフィールド

堤防釣りは、足元が安定していて子どもを連れていきやすい反面、どこにどんな魚がいるのかはわかりにくく、釣れる魚も限られます。船釣りの場合、船長が釣れるポイントまで釣れていってくれるため、釣果が上がりやすいと言えます。

沖（オフショア） 船釣り。陸から離れる釣り

> 保護者も釣りが初めてなら、親子の船釣り体験などで始めるのがおすすめ

船の釣りは、船宿から出ている乗合船に乗るか、チャーター船、ボートなどの選択肢がある。初めては乗合船の半日船がおすすめ。

陸（ショア） 海釣り公園、砂浜・堤防・磯など陸から魚を狙う釣り

> 初めては設備が整っていて安全な海釣り公園がおすすめ

防波堤での釣りの場合は、近くの釣具店で釣りが可能かどうか確認して、釣れる魚にあわせて仕掛けを選んでもらおう。

海での緊急連絡先は 118 へ

海上における事件・事故の緊急通報用電話番号は「118」。海上保安庁につながります。

最近は、熟練者によるサップ（サーフボードのようなボード）で釣りや、シーカヤックでの釣りをする人も。海釣りにもさまざまな釣りがあるよ

| その他 | 有料の釣り堀など海に設けた施設を利用する釣り |

海に浮かぶ釣り堀。さまざまな魚が用意されている

海の釣り堀

有料で、イケスの中で魚が泳いでいるところを釣る。船は不安だという人は、海上釣り堀でまずは試してみるのもいい。

渡船で渡る。トイレがあるところも。基本的に貸切になる

筏釣り

海上に浮かぶ筏まで渡船で渡る。海が荒れにくく、穏やかな海である必要があるため、一部地域の釣り。

海釣りで使う道具

海釣りで使う道具は、狙う魚やフィールドによっても変わりますが、ここではどの釣りでも比較的共通する釣具を紹介します。釣具は使い終わったらぬるま湯で洗わないと海水によって錆びたり劣化するので、毎回必ず洗いましょう。

共通の道具　陸でも沖釣りでも使う共通の道具

☐ リール

スピニングとベイトリールの2種類がある。ビギナーは扱いやすいスピニングリールを使う釣りをするのがおすすめ。違いは P.22 を参照

☐ 各種釣具

ルアーやエサをつける仕掛け、それらを糸につけるスナップやスイベル、サルカンなどの金具が必要だ。また、糸を結ぶ技術も身に付けておこう

☐ 糸 / ライン

リールに巻く糸の道糸、メインライン。その先につけるスレに強い糸をショックリーダーと呼ぶ。糸の太さは釣りによる。詳しくは P.26 へ

☐ 竿 / ロッド

リールに合わせてスピニング用とベイト用で形が変わる。長さや太さ、しなりの違いも釣りによって変わる。詳しくは P.22 を参照

☐ ライフジャケット

子どもに着用させるなら、素材自体がすでに浮力があるものがいい。膨張タイプは鋭利なもので破損しやすい。また、認可されているものを使用する

エサ釣りの場合は、小さいハサミもあると便利。とくに虫をカットするのに、ちぎるのが苦手な人はおすすめだよ

☐ 捨てていいタオルなど

魚をつかむときや手が汚れたときに拭くもの。洗濯しても匂いがとれない場合があるので、捨てようと思っていたボロ布がおすすめ

☐ ナイフ

魚を締めるときに使う。グリップがにぎりやすく、刃がサビにくいタイプがおすすめ。刃をカバーできるケースがあると安心だ

☐ 密封袋

ぬめりがある魚などを持って帰るときに密封袋に分けて入れたり、何かと重宝する。厚手タイプがおすすめ

☐ プライヤー / ハサミ

釣具をいじる時や魚の口にかかった針を外す時に使う。糸がカットできる部分がついているとよい。プライヤーがない場合はペンチで代用する

☐ クーラーボックス

発泡スチロールとウレタン、真空などの素材があり、安価なのは発泡スチロール。魚が浸る程度の量の海水を入れて氷または凍らせたペットボトルを入れて魚を冷やす

☐ 防水バッグ（バッカン）

釣具などをしまっておくのに重宝する自立したバッグで、バッカンと呼ばれる。防水素材で頑丈。針がひっかかることもないためあると便利

あると便利な道具

船釣りと堤防釣りでは持ち物が変わります。また、人によってはサイズを記録する人もいます。なくてもなんとかなるけれど、あったほうが**格段に快適だったり便利になる道具**を紹介します。

船釣り編　船釣りであると便利な快適グッズ

☐ **酔い止め薬**

船酔いは多くの人がおこしがち。とくに子どもは酔いやすい。船宿についてからでは遅い。朝起きたら、出発前に飲んでもいい

☐ **クッション**

振動が響くと疲れやすい。快適に過ごすならクッションがあるといい。ただ、潮などで濡れるので布製はNG。丸洗いできるものがおすすめ

☐ **竿受け**

釣りによるが、魚が釣れたときに竿をさっと置けるものがあると便利。船縁の穴に刺して使う。カワハギやシロギスなど、小さめサイズの釣りに重宝する

釣った魚のサイズを記録するのにあるといい道具

☐ **メジャー・ウェイトスケール・フィッシュグリップ**

魚のサイズを記録するなら、長さまたは重さで記録する。例えばシーバスなら長さで、メジャー（写真上）を使う。マダイは重さで記録する。魚の口にかけて魚を持つフィッシュグリップ（写真下）で、重さが測れるものが便利だ

☐ **カウンター**

ワカサギなど、釣れた数を記録する数釣りをする人が使う。釣りに集中すると記憶していられなくなるので、便利

堤防釣り編　船と違って必要なものが多い

☐ エサのバッカンと柄杓

コマセは袋のまま使うと汚れやすく、使いづらい。コマセ用のバッカンがあると便利。合わせて柄杓があれば取り回しがしやすい

☐ 折り畳み椅子

クーラーの上に座ったり頑丈な釣具ボックスの上に座るのもありだが、椅子があるとやはり快適。風で椅子が飛ばされないように重しをしよう

☐ タモ

堤防と海の高さがあるときに使うアミ。柄の部分は如意棒のように伸びる。万が一大きい魚が釣れたときにあると便利

☐ 水汲みバッカン

釣った魚を泳がせておいたり、釣り終えた後、コマセで堤防が汚れた場合に洗い流すのに必要。

☐ スカリ（バッカンタイプ）

網状になっており、釣った魚を入れて、海に入れておくイケス。最近は持ち運びしやすいバッカンタイプがある

☐ 竿受け

釣りをしているときに地面に置いておくと踏まれたり、置き竿をしていても気付きにくい。写真のようにミニサイズなら持ち込みやすい

ラインの結びに役立つ道具

リールに巻いている糸（道糸・メインライン）の先につける先糸／ショックリーダーを結ぶのには電車結び（P.46）などがあるが、強度が強い結び方のFGノットなど、締め込みするラインをするなら、締め込むための道具があると便利だ。きっちりと締め込めて便利。

どんな服がいい？

基本的に化繊で乾きやすい素材のウェアを着用しましょう。また、真夏でも海で風に当り続けていたり雨が降ると体が冷えます。レインウェアの上下は必携しておくのがベスト。夏は熱中症、冬は大袈裟なくらい防寒対策をするのが基本です。

夏　　日除けを十分に対策をしたウェア選びをしよう

☐ ハットやキャップ

熱中症対策に必ず必要。キャップもよいが、首が日焼けするので、注意。ハットは風に飛ばされないように、紐付きがおすすめ

☐ Tシャツ（長袖も◯）

速乾性のある素材のスポーツウェアのTシャツ。真夏の場合、日焼け防止でアームカバーをするとよい。薄手の長袖でも◯

熱中症対策に、スポーツドリンクなども持っておき、大袈裟なくらい水分はたくさん持参しよう

☐ サングラス

海の中が見える偏光レンズがおすすめ。また、投げたルアーや仕掛けの針から目を守る。また、子どもの場合は竿を持つと遊んで振り回す子もいるので、竿先から目を守る役割もある

☐ ズボン

スポーツウェアの短パン、ロングパンツ。下着もスポーツタイプで乾きやすいものがおすすめ

☐ グリップが効くシューズ・足首を固定するサンダル

釣りは針で怪我をする恐れがあるので、なるべく足全体を覆うもの。ソールが滑りにくいもの。サンダルの場合は、足首が固定され、ソールが滑りにくいものにしよう。

春・秋・冬　寒さ対策をして釣りに集中できるようにしよう

☐ **ニット帽**

冬は冷えるため、保温性のあるニット帽がおすすめ。または耳付きのキャップなど、防寒性の高いものを

☐ **トップス**

スポーツウェアの冬用ベースレイヤー（肌着）や、とにかく暖かく、なおかつ速乾性のある化繊のものがおすすめ

☐ **レインジャケット**

真冬は厚手のものがおすすめ。レインジャケットの下に、薄手のダウンや中綿のものなど保温着を取り入れよう

☐ **ボトムス + レインボトムス**

真冬は保温性のあるタイツに、暖かいズボン、そのうえにレインのボトムスを履く。極寒のときはスノーウェアなどの中綿が入ったウェアなどで代用してもいい

☐ **シューズ**

保温性のある靴下（帰りの靴下もあるとよい）、保温性の高いシューズがおすすめ。寒がりの人はアウトドアブランドで販売されている防水のスノーブーツなどを使う

☐ **小物類**

ネックゲイター、手袋などは真冬にあると重宝する。そのほか寒がりの人はカイロを貼ったり、小物を活用して体が冷えないようにしよう

リールの基本を知ろう

画像左のスピニングリールが主流ですが、実際はターゲットによってリールはベイトリール（両軸リール）を使うことも多いです。はじめて手にしたら、仕組みがわかるように触っておきましょう。レンタルの場合は、船宿さんに使い方を尋ねましょう。

種類　スピリングリールとベイトリール（両軸リール）がある

スピニングリール

糸が絡みにくく扱いやすい

飛距離を出しやすい

早く糸を巻き上げられる

ベイトリール（両軸リール）

負荷に強く巻き取りやすい

片手で扱え手返しが早い

キャストで扱いやすい

持ち方

スピニングリールは竿にはめて中指と人差し指の間からベールアームを出す（写真左）。ベイトリールは竿から出ているトリガーを使い持つ（写真右）。糸を出す時に親指を軽く添えて糸が出過ぎないように注意しよう。

部位の名称　パーツの名前を覚えよう

釣りのときや、釣りの最中でも何かと使うので、覚えておくと会話もスムースだよ

リールフット

竿に固定するためのパーツ。竿のほうに挟み込むパーツがある

ベールアーム

画像の状態のようにベールを下げていると糸が出ない。上げると糸が出る仕組み

ボディ

本体の土台となる部分

ドラグ

ドラグとは糸の出方を調整するパーツ。ノブをまわすことでドラグ調整ができる

ハンドル

ハンドルを回してスプールに巻いてある糸を巻き上げる

スプール

糸を巻く部分。溝の深さで巻ける量が変わり、スペック欄に明記してある

ローター

スプールをはめ、まわすためのパーツ

ハンドノブ

ノブの形状により巻き上げが楽になることもあり、カスタムする人もいる

スタードラグ

ドラグとは糸の出方を調整するパーツ。ノブをまわすことでドラグ調整ができる。ヒトデのような形状でスターと呼ばれる

クラッチ

糸を出したり止めたりするスイッチ

メカニカルブレーキ

糸が出るフリーの状態のときに、糸の出方を調整する

ダブル / シングルハンドル

スピニングにも存在するが、写真のようなダブルハンドルを取り付けられる。ダブルのほうが一定のスピードを保つことができる

レベルワインダー

糸を巻き取るときに、左右に動く仕組みで、均一にスプールに糸を巻くことができる

竿の基本を知ろう

釣り竿選びは、場所と釣り方によって変わります。もし堤防で足下の魚を釣ってみたいなら、あれこれ考えずまずは堤防セットを買って試してもよいでしょう。ただ、竿の特性を知っておくことで、あらゆる角度から魚を釣ることの楽しさを見出せるはずです。

竿選びの基本　釣りたい魚、場所によって竿が変わる

ポイント1：自分がいる所よりも遠く、大きい魚なら竿は長いものがいい

ポイント2：足下にいる小さな魚なら、竿は軽く短いもののほうがよい

ポイント3：感度がいい素材の竿は魚がエサをかじった振動が伝わりやすい

ポイント4：魚の捕食の仕方によって竿のしなりや強度などが変わる

呼び名　各部位の呼び名を知ろう

竿先（ティップ）

竿先が空洞（チューブラーと呼ぶ）になっているものは感度がいいが、折れやすい

ガイド

ガイドの素材でアタリ（魚の捕食の振動）が大きく変化する。ベイトリール用の竿はガイドが小さい

胴（ベリー）

持ち手（リール シート・グリップ）から中央を指す

釣りは魚ごとに専用竿がある。とはいえ、地域差や船宿のおすすめなどもあるので、情報収集して選ぼう

考え方　竿選びは釣り方によって変わる

どこで、どんな魚をどうやって釣るか

長さ　感度・強度　オモリやエサ / ルアーの重さ・リールの種類

例1 砂浜から海底にいるシロギスを釣る

海底で泳ぐシロギスにエサに気づいてもらうため、海底まで沈む重さのオモリを使う釣り。遠くに仕掛けを飛ばすことで魚を引き寄せる距離が広がる。投げるとき、オモリの重みによる竿のしなりと反発で飛距離が出せる。取り扱いの楽なスピニングリールがよい。スピニング用でしなりのある竿が正解だ。

例2 堤防で足下にいる小魚を釣る

海の中の堤防の壁には海藻が生えていて生命感が溢れる。その海藻をついばんでいる小魚（小さなメジナやスズメダイなど）を狙う。足元にいて、なおかつ小魚がエサをついばむわずかな振動が知りたいので、短くて軽い竿がいい。短くリールはどちらでもいいが、扱いやすいスピニングリールがほどよい。

例3 汽水域でハゼを釣る

汽水域の浅瀬にハゼは好んで生息している。小さなハゼは手前2m程度に投げられればよい。狙った場所に投げるならベイトリールがいいが、慣れが必要なのでスピニングリールがよい。魚がエサをかじる微細な振動に気付く必要がある。感度よく短め、小さなオモリに適したスピニング用の竿が正解だ。

リールシート・グリップ

リールシートはリールを取り付ける場所。スピニング用とベイトリール用で形状が異なる。グリップは握る場所。

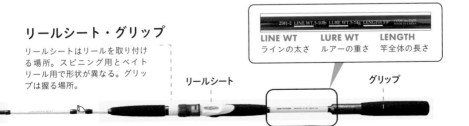

2581-2 LINE WT 5-10lb LURE WT 5-14g LENGTH 5'8"

LINE WT	LURE WT	LENGTH
ラインの太さ	ルアーの重さ	竿全体の長さ

リールシート

グリップ

釣り糸を知ろう

釣り糸の特徴を知ることで、釣り場でライントラブルがおきないよう、またおきても対処できるようになります。だいたいの釣りは細いポリエチレンを撚って1本にしたPEラインを使うこととなりますが、考えによってはナイロンにしたりと工夫できます。

用途　糸は道糸・先糸に加えエサ釣りなら仕掛けで3箇所に使う

先糸／ショックリーダー

魚の歯が鋭い場合や、岩礁帯などの釣りの場合、リールに巻く糸の先に保護としてつける。

道糸／メインライン

リールに巻き、竿のガイドに通す糸。糸の太さ、種類、長さは釣りによる。主にPEラインが主流だ。

仕掛けの糸（枝ス・元ス）

エサ釣りは仕掛けから作って楽しむ人もいる。糸選びから自由。自分の考えや好みで作ってOKだ。

種類	PE ライン、ナイロンライン、フロロカーボンラインの３つ

PE ライン 道糸

細い糸で撚って１本になっている。1m ごとに色でしるしがあり便利。深さを気にしない釣りの場合は単色の糸でもよい。

> 今はほとんどの釣りが
> PE ラインが主流。ただしナイロンは扱いやすく人気だ

メリット	デメリット
縦の力に強度が高い	スレに弱い
しなやか	伸縮性がない
	価格帯が高い

ナイロンライン 道糸 リーダー 仕掛け

伸縮性があるため糸が伸びたほうが釣りやすい釣りに使われることも。先糸／ショックリーダーにも使える。エサ釣りの仕掛けに使う。

メリット	デメリット
柔らかくリールに巻きやすい	水分を吸収するため劣化が早い
低価格	

フロロカーボンライン 道糸 リーダー 仕掛け

先糸／ショックリーダーに使われるが、エサ釣りでは仕掛けに使う。釣り人の考えや好みによって道糸／メインラインにも使われることも。

メリット	デメリット
根に引っかかっても切れにくい	張りがあるため道糸に使う場合
張りがあり仕掛けが絡みづらい	リールに巻きづらい

> ポリエステルラインというエサ釣りの仕掛けに使われる糸もあるよ。ハリがあり、劣化しづらく、スレにも強い。また水を吸わない素材。釣りにハマって、仕掛けから作りたい人はこれを選ぼう

釣具屋さんに行こう

堤防釣りで重要なのは、釣り場の近くにある釣具屋さんで釣具やエサを買うついでに最新の釣果情報を仕入れること。インターネットに載っている釣りの情報はわずか。実際に足を運んでいる人、常連さんの情報を手に入れよう。

情報　インターネットよりもより詳しい情報を得られる

情報の早さはSNSだが、どんな釣りでどんな釣果があったのか、などは釣具屋さんにある情報が正確。買い物ついでに聞いてみよう

釣具屋のアカウントや釣りたい魚の名前でハッシュタグをフォローしておくと、情報が得やすくなる

釣具屋のスタッフは釣りのベテランばかり。近隣の釣果情報だけでなく、どんな仕掛けやルアーで釣れたかなども教えてくれるはずだ

専門店　　釣具屋は専門がわかれていることがある

エサ釣り専門店

沖釣り

小型、中型、大型
さまざまな魚のエサ釣
り、コマセ釣りなど

陸（おかっぱり）

堤防釣り（サビキ・
ウキ、穴釣りなど）
サーフ（砂浜）、河
川
など

ルアー釣り専門店

海水

青物キャスティン
グ
ジギング
ロックゲーム

淡水

バス釣り（ルアー）
テンカラ（毛鉤）
フライフィッシング(毛鉤)
など・・

大型店なら総合的に扱っているけれど、個
人店は得意ジャンルが異なることもあるの
でチェックしよう。お店に行く前にホーム
ページでチェックするといいね

行く前に　　質問する予定があるなら、まとめておくとスムーズ

場所　＋　いつ　＋　魚種　＝　ベストな釣り方と
　　　　　　　　　　　　　　　　必要な釣具がわかる

例）週末に XX 堤防で日中、アジを釣りたい。

お店に行ってから、何がわからないか引き出してもらう
こともいいが、わかる範囲でまとめておくとよい。
船釣りだと、例えば糸の太さ、オモリの重さなど船宿
で指定されていることがあるが、おかっぱり（陸からの
釣り）は情報がないため、釣具屋のスタッフに聞くと
わかる範囲で教えてくれる。

地元の個人店なら詳しく教
えてくれることが多い。そ
の際、そのエリアの堤防の
名前や地域の名前を知って
おけば話がしやすいよ

釣り場でのマナーを知ろう

せっかく釣りをするなら自分も同行者も、周囲の釣り人もトラブルなく楽しみたいもの。
路駐、ゴミ、挨拶や安全配慮など、気を付けるべきは釣りでなくても当然のことばかり
です。周囲への気配りや何かあったらサポートをするつもりで釣りを楽しみましょう。

堤防など　周囲への配慮や、ローカルルールを尊重する

迷惑駐車をせず、必ず駐車場を使おう

漁港内は特に漁業関係者以外の駐車を禁止している
ことが多い。指定された駐車場か、近隣の有料駐車
場を利用しよう

これより先の岸壁は
船舶の係留場で漁業者及び
関係者による作業場のため

釣りは禁止です
岸和田一本釣組合

ルアー禁止などローカルルールを尊重する

時期や場所によってさまざまなローカルルールがあ。
事前に地元の釣具屋で下調べしたり、現地で注意を
されたらローカルルールを尊重しよう

周囲の釣り人への挨拶やまわりへの配慮

場所取りをするときは自分一人分。先に人がいる場
合は、ひとこと挨拶をして、お互い邪魔にならない
距離間を保って釣りをしよう

キャストは毎回、周囲を確認する

キャスティングの基本だが、キャストするときは必
ず周囲、特に後方を目で確認すること。絶対に針を
人や物にかけないようにしよう

堤防も満潮に近くなると波がかぶり、コンクリートも滑りやすくなることもある。安全第一で釣りをしよう

安全第一で釣りをする

悪天候での釣りや装備が整っていないなかでの釣りなどリスクがある釣りはNG。堤防でもライフジャケットの着用は必ずしよう

大騒ぎしない・他人の釣りに干渉しない

静かに釣りがしたい人もいるはず。釣れたからといって仲間内で大騒ぎしたり、他人の釣りの様子を安易に探らない

夜間はライトの扱いに注意する

夜間に釣りをする場合、ライトを海面に当てることで逃げてしまう魚もいる。また、ライトを民家や人に当てるのもNG。ライトの扱いには配慮しよう

持ち帰らない魚はすぐにリリースする

仮に毒がある魚だったり、噛みつくなど人間にとって脅威がある魚でも、釣れた魚はダメージが少ないよう海に返してあげよう

ゴミは持ち帰る・コマセで汚したら流す

釣具のパッケージ、ビニール袋、タバコの吸い殻、空き缶など自分が出したゴミは絶対に持ち帰ること。環境配慮はもちろん、堤防は漁師さんの仕事場だ

釣り用語を知ろう

釣り人や釣具屋さんに行くと、専門用語がでてきてわからないことがあるかもしれません。釣り用語は2種類あり、エサ釣りは日本語、ルアー釣りは英語由来。本書ではエサ釣りをメインに紹介しているため、ここではエサ釣りでよく使う用語を紹介します。

エサ釣りの用語　知っておけばコミュニケーションが円滑になる

アタリ
魚が針に食い付いたときに、ウキや竿先に振動などの反応が現れること。魚信ともいう。

糸ふけ
オモリが着底して道糸がたるんだり、風や潮のせいで道糸が流されたりする状態。

オマツリ
他人と自分の仕掛けが絡むこと。自分で自分の仕掛けを絡めることを手前マツリという。

外道
例えばカレイを狙っていて釣れるキスやスズキのように、本命以外の魚のことを指す。

誘い
竿を上下させることで仕掛けを動かし、魚に餌をアピールする動作のこと。

底立ち
仕掛けを底に到達させること。とくに船釣りでは、この底立ちをマメに行うことが重要。

アワセ
アタリがあったときに、竿を動かし、魚の口に針をかけること。フッキングともいう。

ウキ下
ウキから針までの部分、もしくはその長さのこと。狙う魚によってウキ下を調節する。

カケアガリ
海底や湖底などが、深場から浅場に向かい斜面になっている地形のこと。

ケミホタル
アタリを見るため竿先やウキに取り付ける化学発光体。集魚目的で使われることもある。

サビキ
擬似針が何本も付いた仕掛け。擬似餌針は魚の皮やビニールなどを針に巻いてある。

タナ
魚が泳ぐ層のこと。タナは一定なものではなく、その日の状況や魚種によって変わる。

イソメ
船釣りや投げ釣りで使われる餌のひとつ。青イソメや岩イソメなどの種類がある。

追い食い
複数の針の仕掛けに一尾魚が掛かった後、仕掛けを上げず他の針にも掛けさせること。

食い渋り
魚がいるのに餌を食べず、釣れない状況のこと。低水温や潮が動かないときに多い。

コマセワーク
魚を集めるための寄せ餌、マキエを撒くこと。そのやり方で釣果が大きく変わる。

捨て糸
オモリにつける糸。根掛かりしたときにこの糸が切れることで仕掛け自体が回収できる。

高切れ
ハリスではなくて、道糸が切れてしまうこと。ウキなどもなくすので損失が大きい。

多点掛け
複数の針を持つ仕掛けに、同時に何尾もの魚を食わせること。追い食いと似た言葉。

釣果
釣った魚の大きさや量などの成果のこと。ちなみに 10 尾以上釣るのは「つ抜け」という。

チョン掛け
針先にちょこっとエサを付けること。サバの短冊やイソメなどはこの付け方が多い。

手返し
魚が釣れてそれを外し、再度餌を付け、仕掛けをポイントに投入する一連の動作。

テグス
釣り糸のこと。天蚕糸と書く。主にナイロン、フロロカーボン、PE の 3 種類がある。

取り込み
掛かった魚を手元まで手繰り寄せる動作のこと。取り込みにはタモなどの網を使う。

根
海底が隆起した岩礁になっている所のこと。根は魚が好んで居つく好ポイントになる。

根掛かり
水の中の岩礁や障害物に針や仕掛けが引っ掛かること。これが多い場所には大物が多い。

根魚
岩礁帯の根に生息している魚のこと。根魚にはカサゴ、メバル、アイナメなどがいる。

のっ込み
魚が産卵の目的で、群れで深場から浅場に寄ってくること。この時期は魚が釣れやすい。

早アワセ
アタリに対してすぐにアワセを行うこと。これが早すぎると魚を取り逃がす場合がある。

バラシ
針に掛かった魚を、途中で糸が切れたり針が外れたりして取り逃がしてしまうこと。

ハリス
針に直接結んである糸のこと。できるだけ細いハリスを用いた方が良いとされている。

ヒロ
左右に両手を広げたときの長さを目安にした単位のことで、1 ヒロは約 1.5 mになる。

ブッコミ
比較的重めのオモリを使って仕掛けを投げアタリを待つ釣り。投げ釣りの一種。

ベタなぎ
風や波が全くない、静かな海面の状態を指す。時間帯により朝なぎ、夕なぎと呼ぶ。

ポイント
魚が釣れる場所のこと。かけ上がりや根の周りなど、変化がある所が好ポイントになる。

穂先
竿の最先端部分のこと。比較的折れやすく、移動時は穂先カバーなどを付けるとよい。

巻き合わせ
アタリを感じたら、リールをすぐに巻いてアワセること。

撒き餌
付け餌とは別に、魚を寄せるため、仕掛けの周りに撒く餌。主に磯釣りなどで使う。

マヅメ
日の出前後や日の入り前後の時間帯のこと。この時間帯は魚の活性が上がることが多い。

幹糸
主にオモリを一番下に付ける胴突き仕掛けでオモリと道糸の間の幹となる糸のこと。

道糸
リールと仕掛けを結ぶ糸。強度が高いものが求められ、釣り方によって太さが変わる。

向こうアワセ
釣り人がアワセをしなくても、魚が自らハリ掛かりしてしまうことをいう。

寄せる
掛かった魚を取り込むため引き寄せること。または撒き餌などで魚を近くに集めること。

ヨブ
主に潮の流れによってできる砂泥底の起伏のこと。キスなどはここに居つくことが多い。

ヨリモドシ
糸と糸を連結するための小型連結具。回転するため絡みにくい。スイベルとも呼ぶ。

釣りを通して、食育や
外遊びでのマナーを子どもに教えよう

公益財団法人・日本釣振興会・神奈川県支部長　　山口 充

　2019年末から世界規模でコロナ禍となり、多くの人が国内で、なおかつ近場で遊ぶ機会が増え、レジャーとして手軽に「釣りに行ってみよう」、「初めて釣りをする」ファミリー層がとても多くなりました。

　進化を遂げたスマートフォンを使い、手元の画面でゲームに熱中する子どもや大人が増えています。半径1mで遊ぶようになったと言われる現代社会、そしてコロナ禍の自粛生活では野外、自然の中で楽しむことができるのは、心身を健康に保つという本能的な欲求といえるでしょう。

　昔、釣りは子ども達の遊びに組み込まれ、近所のベテラン釣り師や釣具店にも気軽に魚の話や危ない所などを聞ける環境が整っていました。しかし、現在は手軽にSNS等で情報を仕入れることができるようになった一方、「釣れる」部分が多く取り上げられ、マナーの啓発や注意喚起が薄くなってしまう傾向にあります。

　例えば、マナーについては釣りをした場所でのポイ捨てや、放置ゴミ問題などのさまざまなトラブルが発生しています。しかし、細かく分析してみると、釣り場のクリーンナップ活動をしていると釣具は思いのほか少なく、訪れたであろう人達の食べのも物容器や空き缶、風に飛ばされたとみられることが多いのです。特に、釣り場のゴミのなかでも多いのがプラスチックでできた袋や箱。エサ釣りなら「仕掛け」で、これらは釣り場に行く前に、仕掛け巻というものがあるのでそれにあらかじめ巻いておく。ルアーならルアーボックスに入れておくと、ゴミを発生させないだけではなく、釣りをする際、手元がスムーズに運べますし、ゴミが風に飛ばされることもありません。

　私がクリーンナップ活動で得た気づきは、堤防などよりも、管理下にある釣り公園ではゴミの問題は少ないこと。ルールが明記されている場所でなら、マナーは守られている、ということです。

　というのも、最近の子ども達は「分別ごみ」が当たり前で、教室のときにきれいに分けてくれています。本当にうれしい限りです。むしろ、ゴミを出しているのは大人たちなのかもしれません。

　ファミリーで釣りに出かける場合、最初は「管理されている釣り場」や「午前、午後船の船釣り」が釣果も安定しているのでおすすめです。そうした場所では、自然とマナーを学べたり、魚の持ち帰り方、料理等も覚えられることが多いからです。

　公益財団法人日本釣振興会では各地で「親子釣り教室」も多く開催され、昨今は「初めての釣りが船」というファミリーも多くなっています。子どもたちの最高の笑顔、楽しい釣りの想い出が手軽に作れます。そして最後に、釣った魚はきちんとおいしくいただき、食育にも役立ちます。

　子どもは身近な大人を手本とします。釣りを通して、大人たちが正しい姿勢を子どもに見せてあげられるようにしましょう。

CHAPTER2

堤防釣り

堤防釣りは、はじめて釣りをする子どもから、慣れた釣り師までが楽しめるフィールドです。はじめて釣りをする人が知っておけば、快適に気持ちよく釣りが楽しめるようになる基礎知識を解説します。

事前に釣り場を調べよう

どこの堤防で釣りをするのかは、事前に下調べをしておきましょう。身近な手段はインターネットやSNSのタグなどですが、一番よいのは地元の人に聞くこと。ローカルではないなら、地元の釣具屋さんに買い物ついでに聞くのが一番です。

海釣り公園　柵があるから堤防より安全に釣りができる

安全度：★★★★★

海釣り公園のよいところは、釣果を管理しているところが多いためネットで昨日はどんな魚がどのくらい釣れているか、などをチェックすることができるところ。

海釣り公園施設なら、エサの販売があるところも。子どもと初めて釣りに行くなら海釣り公園がいいね

POINT
- [ ] 通常は有料
- [ ] 営業時間あり
- [ ] トイレがある
- [ ] 管理事務所が付近にある
- [ ] 釣具レンタルしているところもある

漁港　船着場、堤防

安全度：★★★☆☆

湾になっている場合は魚が回ってくることを待とう。湾内でずっと過ごす居付きの魚も多いよ

POINT
- □ 付近に釣具屋がある場合も
- □ トイレなし
- □ 無料

基本的に漁港は釣り禁止エリア。事前確認をしよう。岸から続いている湾内は波が少なく釣りがしやすい。

海上釣り堀　有料施設

安全度：★★★☆☆

海上釣り堀はビギナーからベテランまで遊べる施設。わからないことはスタッフに聞くこともできるよ

POINT
- □ レンタルがある
- □ トイレあり
- □ 有料

海にイケスを作り、さまざまな魚種を取り込んでいる。道具のレンタルなどがあり、始めて釣りをする人もむく。

| 02 |
堤防で釣れる魚たち

堤防には、魚に限らずさまざまな生き物が生息しています。堤防はテトラポッドがあったり、水深が深いところがあったり、浅いところ、湾になっているなど。そんな堤防でよく釣れる魚種をあげてみました。

よくいる魚 地域差、堤防の環境によって異なる

クロダイ

カワハギ

メジナ

コノシロ

ウツボ

カサゴ

メバル

シロギス

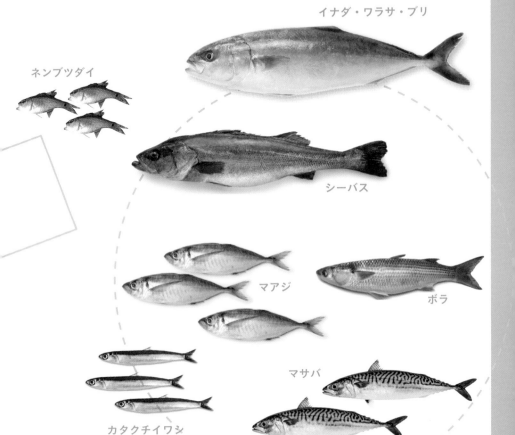

イナダ・ワラサ・ブリ

ネンブツダイ

シーバス

マアジ

ボラ

マサバ

カタクチイワシ

ヒレーカー（沖縄）

グルクン（沖縄）

トカジャー（沖縄）

ニシン（北海道）

シロザケ（北海道）

まれに、場所や地域によっては、沖にいる魚が釣れたりもするよ

堤防釣りの一連の流れ

ここでは、堤防釣りの一日の流れを紹介します。堤防はいつでも入れる堤防と、時間が制限されている堤防があります。出入りするのは面倒でもあるので、準備を万全にして行きましょう。サビキ釣り（P.54）をもとに解説します。

0. 前日に天候の情報をチェックする
波・風・天候予報をチェックする（P.40 参照）
早めに就寝する。

1. 釣具屋・コンビニで買い出し
釣具屋でエサを買い、コンビニで飲食物やクーラーに入れる氷を買おう。

2. トイレを済ませ、現地で場所取り
車なら駐車場に車を停め、場所を確保する。
トイレがない場所ならコンビニで借りよう。

3. 椅子や釣具をセッティングする
身の回りを整え、釣具をセッティングする。
海水を汲み、クーラーに入れて冷やしておく。

片付けとゴミの捨て方について知ろう

後片付けは、コマセを洗い流すことに加え、食べ飲みした容器、釣り糸や仕掛けも必ず持ち帰りましょう。釣り針の捨て方は自治体によって「不燃ゴミ」「資源ゴミ」など異なります。一番安全なのは、ビンや缶に入れて溜めていき、自治体の指定の方法で捨てれば、誤って針を握ったりすることがなく安全です。

4. 仕掛けをつけ、コマセを詰める
仕掛けについているカゴに、コマセを入れる。チューブタイプのものもある。

5. 海に入れて、底まで落とす
下まで落としたらすぐ巻いて針が地面に引っかからないようにしよう。

6. 魚がかかったら、焦らず巻く
魚がかかった振動があったら、急がずハンドルを巻く。

7. イケスのバケツに入れる
魚はすぐにイケスに入れる。夏はイケスの水温も上がるので、早めに締めて冷えたクーラーへ。

天気予報のどこを確認する？

釣りで天気予報を確認する必要があるのは、晴れや曇りなど空模様だけではなく、風の強さと向きです。風が強く当たりすぎるとルアーや仕掛けに影響があり、釣りにくくなります。そのほか、波予報や波の方向も重要です。

天候　雨天は釣りがしづらく、雷は落雷の恐れがあり NG

ひらけた海で、釣り竿に雷が落ちることは起こり得ることだ。悪天候で釣りをしていると、握っている竿がビリビリとした、なんていう話を聞く。雨予報は釣りをしない。天候が悪化したらすぐに釣りをやめて、海から離れよう

釣り竿の素材は、電気を通しやすい金属のカーボンでできているものが多い。雷が落ちそうな雲行きになったらただちにしまおう。

風速　風速3m以下なら最高！ 10m以上はまともな釣りができない

平均風速	感覚	例
0〜5	顔に風を感じる	木の葉が揺れる
5〜10	体に風を感じる	小枝が揺れる
10〜15	傘がさせない	樹木全体が揺れる

単位：m

海の様子は沖合と陸の近くでは異なります。沖合の場合、風速5mを超えると、白波が立ち始め、1mを超えると白波と波の高さが出て、10mを超えると波はかなり高くなります。

快晴でも風が強いと魚がかかった感触の「アタリ」もわかりにくいし、ルアーもベストな状態で投げにくい。悪天候でも出船する船宿がまれにあるが、まともに釣りができず体力だけ使ったり船酔いをしたり、いいことはあまりない

風の向き　風の向きは釣りをする上で知っておくと便利

風の向き

風裏

山など障害物で風除けにあたる位置を風裏（かざうら・ふうり）と呼ぶ。天候が代わり風が吹き始めたときに風裏にいったん移動して様子をみるのもあり

仮に横の写真で、右側の外洋からの風向き（矢印の方向）だと湾内の陸側は風裏となる

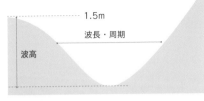

船釣りの場合、船はポイントに着くと、風が吹く方向に船首を向けてエンジンをかけたままでバランスをとり留まる。船釣りの場合風向きと潮の流れを計算して、右側か左側か、どっちの座席が有利か予想する人もいる。

波高（なみだか）　波の高さ

波高・周期のイメージ

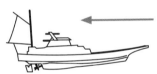

1.5m

波長・周期

波高

波は湾内だと状況が変わる。また、釣り場が陸に近いと予報よりもおとなしい状況になることもあるよ。ただ、予報で波高が1mを超えるなら中止を視野にいれよう。船釣りだと揺れのなか釣りをすると疲労しやすく、さらに酔いやすい子どものケアをしながら釣りは難しい（船釣りならキャンセルは早めに電話をしよう）

波の種類

風浪（風波）
風によってできる波。

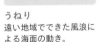

うねり
遠い地域でできた風浪による海面の動き。

波浪
風の影響で海面に波がたった状態。

釣れる時間帯はいつ？

魚を釣るためには、さまざまな条件が必要です。ひとつずつよい条件を重ねていき、あとはテクニックと運。テクニックや運はその人がもつものですが、条件は選択することができます。ここでは釣れる時間帯について、解説します。

月齢　月齢で潮の流れが大きく変わる。潮が流れれば魚が釣れる

大潮はよく釣れると言われたり、関係ないと言われたり。月の満ち欠けや潮汐は、釣果をあげるため事前に考えられる情報だ。魚によって影響があると言われるね

月と潮の関係

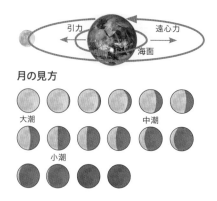

引力　遠心力
海面

月の見方

大潮　中潮
小潮

満月や新月（太陽の影にすっぽり月が隠れたとき）の日は、大潮と呼ばれる。そんな日の海の中は大きく潮が動いている。月は楕円形に地球のまわりを回っていて、近づいているときは特に月の引力で潮が引っ張られ、大きく動いている。

潮が動くと、魚は流されないよう泳ぐ。エネルギー補給で喰いが上がる、と言われている。

釣りを始めて、自分でプランを立てられるようになると、日常的に月の満ち欠けと風の強さに自然と敏感になる。

朝まづめ・夕まづめ、早朝と夕方は魚たちのご飯タイム

釣れるタイミングは月齢・潮汐のほかに、早朝、日の出すぐ
のタイミングと、夕暮れのタイミングも釣れるとされている。
そのことを「朝まづめ」「夕まづめ」という。
船釣りの場合、その時間帯に出船していることは少ないが、
日の出が遅く日の入りが早い冬は、出船してすぐや沖上がり
前の陸に戻るタイミングに釣れることが多い。

潮汐　　一日を通して2回訪れる満潮・干潮の前後がポイント

・潮見表（タイドグラフ）の見方

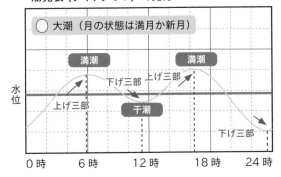

左の潮見表（タイドグラフ）では、大
潮では一日をとおして水位が大きく
代わり、小潮では水位の差がない。
水位が変わるということは潮が流れ
ていて、満潮・干潮では潮が止まる。
魚にもよるが、その止まる前後がよく
釣れると言われている。そのタイミン
グを上げ三分（満潮時に向かって上
げ）、下げ三分（干潮時に向かって）
と言われる。

タイドグラフは、インターネットで地
域名と合わせて検索すればすぐ見ら
れる、なければ釣具屋で潮見表とい
うものが置かれている場合がある。

> よく釣れるタイミングのこ
> とを時合い（じあい）と呼
> ぶよ。時合いを逃さないよ
> うにしよう！

45

場所を選び準備をする

堤防に着いたら、釣りをする場所を選びましょう。堤防の環境によっては、釣りをする場所によって釣れる魚が変わってくるため、場所は大切な条件のひとつです。場所によって堤防は入れる時間帯などもあるので、早めに行って釣りたい場所を確保しましょう。

全体をチェック　堤防の先端は潮がぶつかり魚影が濃いことが多い

先端ではクロダイ、潮が入り込むのでスズキやアジ、アオリイカなど。手前ではメバルも釣れそうな堤防だ

※写真はイメージです。釣り禁止の漁港も多いので、調べてから遊びましょう。
また駐車場が調べてわからない場合は駐車場は付近の有料駐車場に入れましょう

目視　　魚影を確認する

偏光レンズのサングラスを使えば海の中は丸見えだ。ぜひ1つは所有しよう。目でみて魚がいればよし、いなくてもエサがあれば寄ってくる。

セッティング　　快適になるようにセットしよう

⚠️ 水汲みバッカンの付属の紐はしっかり結んでおこう。万が一、子どもが落水したときに役立つ

右利きなら右側に竿、左側にエサ、手前に海水を入れたバケツ。ゴミ入れを飛ばされないように、クーラーや釣具入れのバッカンのハンドルなどに結んでセットする。

47

糸の結び方は2つ覚えよう

堤防に着いたら、竿を組み立て、リールから糸を出して竿のガイドに通します。仕掛けをつけたり、ルアーをつけたり、釣りの準備をしましょう。そのほか快適に釣りをするためにセッティングを行いますが、どんなことが必要か知っておくとよいでしょう。

結ぶ箇所　糸で結ばれているところで重要なのは2箇所

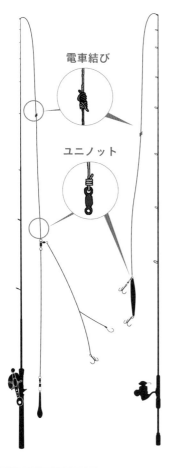

電車結び

ユニノット

結び方はたくさんの種類がある。釣りによって結び方を変える人もいる。まずは基本の電車結びとユニノットを結べるようになろう

糸と糸
結び目が竿のガイドに干渉しない結びにする。

糸とパーツ
パーツのほか、ルアーに結ぶ。強度が高い結びにする。

糸と糸はガイドを通るので、結び目はなるべくガイドに干渉しないように。結びが甘いと、大物がかかったときにほどけるぞ！

電車結びとユニノットを覚えておくと、淡水釣りのフライフィッシングなどいろんな釣りで使うので便利だよ

結び方　最低限この２つを覚えておこう！

糸と糸を結ぶ場合

電車結び

糸と糸の結び方の中では簡単で強度がある。

1
２本の糸を平行に重ねる。Bに輪を作り、Bの端糸を３回、AとBに巻き付け、引っ張り締める。

2
Aも同じように１の手順を繰り返す。

3
両方からゆっくり引っ張り、余計な部分をカットする。このとき糸を濡らすと、摩擦で劣化しない。

細い糸を結ぶとき強く引っ張ると手が痛くなることもある。そんなときは布などを間に挟めば痛くないよ

糸とパーツを結ぶ場合

ユニノット

シンプルで素早く結ぶことができ、強度がある。

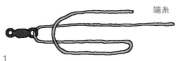

1
パーツの輪に糸を通し、端糸で輪を作って本線側にかける。

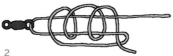

2
端糸で本線と１に３回巻き付ける。端糸の先端は１の輪を通した状態にする。

3
端糸をゆっくり締め込む。

4
パーツ側に結び目を移動させてさらに締める。余分な糸をカットする。

| CHAPTER2　**08** |
キャストの仕方

釣り竿を動かしてルアーや仕掛けを投げることをキャストといいます。堤防では、周囲に人がいなければ、上からふりかぶって投げるオーバーハンドキャストをすることができます。キャストはルアーやオモリを竿の反発を利用して飛距離を出すのがコツです。

上から　　オーバーハンドキャストと呼ぶ

1. 糸の長さを調整する

糸を適度な長さにして出し、リールにある糸を止めるベイルをおこしフリーにし、指で糸を止める。

2. 後ろを必ず確認して竿を後ろにする

背後に人や障害物がないか確認をし、右手は正しい持ち方で、左手は竿が長ければ柄の下を軽く支える。

3. 投げる。目線よりやや上で竿をとめる

糸の先のオモリなり仕掛けの重みと竿の反発を利用して飛距離を出す。竿を止めたあたりで、抑えていた糸をフリーにするため指を離す。

4. 竿の向きはそのままでベイルを閉じる

沈ませたい仕掛けやルアーの場合以外、浮くルアーやウキが着水したらベイルを閉じる。

乗合船では、人が多く乗船していることから、上から投げることはほとんどできない。上半身を少し外に出して、斜め下などから投げる

斜め下から　サイドハンドキャストと呼ぶ

1. 糸の長さを調整する

竿から先のルアーやオモリの重量と竿のしなりの反発を利用するため、20cm 〜先に竿先から糸を出す。

2. 竿のしなりを利用して投げる

体の正面より気持ち持ち手側で、仕掛けやルアーの重みと竿の反発を利用し、反動をつける。

3. 投げたい方向で糸を止めていた指を離す

竿を止めたあたりで、抑えていた糸をフリーにするため指を離す。

4. 着水したらベイルを閉じる

沈ませたい仕掛けやルアーの場合以外、浮くルアーやウキが着水したらベイルを閉じる。

| CHAPTER2　09 |
魚の捕食に気づくには？

魚がエサやルアーをかじったときは糸を通して手元に微細な振動（アタリといいます）を感じることができます。アタリを感じられる状態にするためにはどうしたらいいのかを解説します。

釣り糸　常に釣り糸はテンションを張る

糸にテンションがかからず、ゆるゆるとしている。海中で魚がエサをついばんでいたり、吸い込んでいてもこれでは手元に振動が響かず、機会を逃す可能性が高い。

ピンと張った状態なら、魚が糸に接触したことがわかる。ましてやエサをかじったり吸い込んだらブルブルと振動が手元に響くはずだ。ピンと張った状態をキープしよう。

障害物　　釣り糸はなるべく障害物にあたらないように

NG

OK

釣り糸は竿のガイドを通しても振動が響く。竿と糸になんらか障害物がはさまると、振動が響きにくく、気がつけないことが多い。

基本は常に竿は手にして、どこも接触させていない状態にしておこう。疲れたときは竿置きなどを使うとよい。

竿を置いて放置する場合は鈴をつけると捕食したときの振動で鈴が鳴り気がつける

感度のいい素材にこだわる

釣りを初めて、これが好きな釣りだなと絞れてきたら、自分の竿を選んでみよう。魚がかかる振動（アタリ）がわかりやすいと釣果が上がるので竿選びは重要だ。例えばカワハギ釣りなどは特に顕著で、繊細なアタリは竿の素材、糸を通すガイドの素材で大きく変わる。道具選びに慣れてきたら、中古屋やメルカリ、ヤフオクなどで状態のいい竿が売られているので、そこから選ぶのも手。

魚の取り込み方

アタリを感じて、魚が針にかかったらリールのハンドルを回して魚を上げます。もしも魚が大きく、堤防と海面の距離があって釣り上げられなかったら？　ここでは釣れたあとの対応のパターンを紹介します。

フッキング　ほどよいタイミングで、よい場所に合わせる

魚の口の端に意識的に針がかかりさせることをフッキング、アワセと呼ぶ。早めにアワセるか、かかったことに気づけば魚が外れる（バレるという）こともなくなる。リリースのときも魚へのダメージが少なく済む

竿先を見る　オモリの重さで折れたり、糸の巻き込みで竿先が折れる

ラインを巻きすぎると仕掛けと糸をつなげているスナップが竿先に負荷をかけ、折れる。レンタルだと賠償金を払うことになるので、竿先にはよく注意しよう。

船でも堤防でも、タモがあれば安心だ。海面まで距離がある場合は柄が伸びるタモがあるといいよ

竿の向き　魚を船に上げる前は竿先を下げて糸を巻く

基本的に糸を巻いているときは竿先を下に向けよう。最後に竿先を上げれば魚を船に取り込みやすくなる。大きい魚はタモを使おう。

魚をつかむ　道具を使って魚をつかむ

手でつかみにくかったり、触るのが怖い場合は、道具を使おうタオルやフィッシュキャッチャー（フィッシュトングなどとも言われる）を使う

| CHAPTER2 **11** |

魚にかかった針を外そう

魚が針を飲んでしまって取れないときはどうしたらいい？　一番よいのは、あらかじめペンチでカエシを潰し、バーブレスという状態にしておくことです。ただし、バーブレスは魚がバレやすいためビギナーにはハードルが高い。針を取り外す方法を知っておきましょう。

対応は3つ　針を飲み込ませたままにする場合は捌く際に取る

① 針外しやプライヤーを使ってとる

② 道具を使わず抜く

③ カットして、飲み込ませたままにし捌く際におとす

❶道具を使う　針外しやプライヤーを使って針をとる

 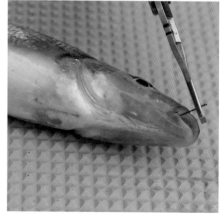

針外しを使う
さまざまな形状のものが販売されている。歯が鋭い魚はプライヤーにするなど、使い分ける。

プライヤーを使う
針がかりがうまく口元にかかった場合はプライヤーで針をつかんで振ればとれる。

怪我は針を外すときにもおきやすい。魚が針から外れ（バレ）やすくなるが、針にあるカエシをあらかじめペンチで潰すか、バーブレスの針があればそれを使うとよいよ

❷道具を使わない　針を持って振る

小魚でフッキングがいい場所にかかっている場合は針を持って振れば取れる。

❸捌く時にとる　エラか口内を手でさぐる

頭を落とす位置

エラ

口内

針はエラにひっかかるか口内にある。頭を落とすのは胸ビレのすぐ横なので針を飲んでいても落とせる。ただし針は必ず取って、自治体が指定している捨て方で捨てること。

足下にいる魚を釣ろう

初心者向け販売されている、釣竿と仕掛けがセットになっているものは汎用性が高い釣り竿。シンプルな釣りで、小魚が釣れやすく、まずは釣りたい！ という人にむいています。ただし、魚がいなければ釣れないので、その場合は場所や時間を変えてみましょう。

サビキ釣り　エサのコマセを撒き、おびき寄せて釣る

釣竿とリールと糸
釣具はビギナー向けにセットで売られているものでもOK！ 大事に扱えば長く使える。長さは短めのほうが扱いやすい。

コマセ（エサ）
カゴに入れるエサ。仕掛けにつく飾りのように小さいエビのような動物性プランクトンが詰まっているもの。冷凍もある。

コマセカゴ・仕掛け
仕掛けとカゴがセットになっているもので十分。小魚も釣るなら、針は小さめのもの、号数で表記されるが、3号など数字が小さいものを選ぼう。

> 仕掛けはオモリがついているものなどすべてセットになっているものが便利。エサは扱いやすいパックがだと手元などが汚れにくくおすすめだよ

釣り方

I. 仕掛けをセットし、コマセを入れる
子どもはスプーン、大人はお箸がやりやすい。
手が汚れるので手拭きは必須。

2. 海に仕掛けを入れる
コマセがこぼれて堤防が汚れないように注意し
よう。

3. 魚がいそうな層まで落とし、竿を振る
竿をゆっくり上下させ、コマセカゴを振ること
で煙幕が出るので、糸を巻き針と同調させる。

①コマセカゴにコマセを
詰め、足下に落とす

②竿を上下に振り、コマセ
を撒いて針と同調させる

カゴの位置は潮の流れで選ぼう

コマセカゴが仕掛けの上につくものと、下につ
くものがある。潮が流れているときはコマセと
仕掛けも流され同調しやすいが、潮の流れが止
まっている場合は、仕掛けの下につくもののほ
うが向いている。

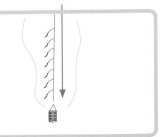

13

大きめの魚を釣るには

魚は魚種によって生息する層が異なります。例えばヒラメは海底にいますし、トビウオは表層にいます。アジやサバは泳ぎ回る魚で、海の中でもあらゆる層を泳ぎます。ここではウキ釣りのシステムを理解して、アジやサバを狙ってみましょう。

ウキ釣り　少し遠くに投げて、中層にいる魚を狙う

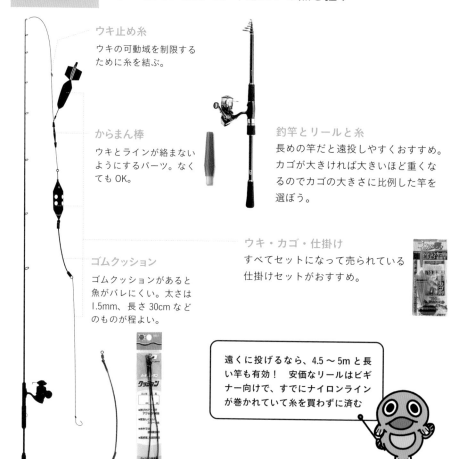

ウキ止め糸
ウキの可動域を制限するために糸を結ぶ。

からまん棒
ウキとラインが絡まないようにするパーツ。なくてもOK。

ゴムクッション
ゴムクッションがあると魚がバレにくい。太さは1.5mm、長さ30cmなどのものが程よい。

釣竿とリールと糸
長めの竿だと遠投しやすくおすすめ。カゴが大きければ大きいほど重くなるのでカゴの大きさに比例した竿を選ぼう。

ウキ・カゴ・仕掛け
すべてセットになって売られている仕掛けセットがおすすめ。

遠くに投げるなら、4.5〜5mと長い竿も有効！　安価なリールはビギナー向けで、すでにナイロンラインが巻かれていて糸を買わずに済む

釣り方　中層にいる魚を釣る

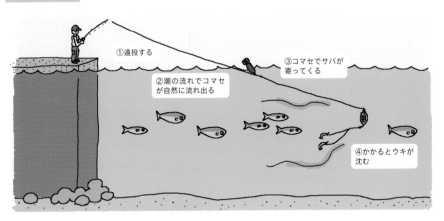

①遠投する

②潮の流れでコマセが自然に流れ出る

③コマセでサバが寄ってくる

④かかるとウキが沈む

1. カゴにエサを入れ、エサをつける
カゴにエサを入れる。回すとカゴに空いている穴の大きさが調整できる。

2. 後ろを確認し、遠投する
投げ方は P.60 を参照し、遠投。ウキが違和感のある動きをしたら糸を巻こう

ウキ止め位置を調整しよう

潮の流れの速さにもよるが、浮きの位置が仕掛けに近ければ近いほど、海面に近い。アジやサバがいそうなところにエサが到達するようにウキの位置を調整しよう。これは状況次第によって変わるので、繰り返し試さないとわからない。

タコ釣りをしてみよう

マダコ釣りは、船からも陸からもできる初夏の釣り。釣具屋さんに5月以降にはタコ釣りの道具が売られています。陸からの釣りは、カニの形を模した擬似餌に大きな針が出ているものを使い、竿があれば便利ですが、タコ糸と手でたぐって獲ることもできます。

タコ釣り　マダコ釣りは夏の風物詩！

上の写真はタコテンヤと呼ぶ大きな針に擬似餌をつけて釣る
釣り方。

マダコは場所によっては釣り禁止なので、近隣の釣具屋さんで確認してから釣りをしよう

短めの竿とリール、タコエギを用意する

タコエギと呼ばれるルアー。底に引っ掛かりにくいルアーを選ぼう。

リールに巻く糸はPEラインで1.5〜2号がおすすめ。糸とタコエギをつなぐためのスナップを用意しよう

キャストを繰り返しより本格的に行う場合は、2〜3mの専用竿で、中型（3000番）リールを使うよ

遊び方　　**タコエギは壁側、底を探ろう**

1. 壁側の底に落としてタコを探す
堤防の壁や下がテトラになっている場所などによくいるが、基本海底にいるため、下までタコエギを落としてみよう。

2. 喰いついてきたらゆっくり竿を上げる
タコエギが底についたら、根がかりしないように注意する。竿先を上げてみたときにずっしりと重ければタコの可能性が高い。

ひっかかったオモリをとるには

いざ、堤防で釣りをするとせっかくセットした買ったばかりの仕掛けや高かったルアーが海の中の障害物にひっかかり、とれなくなってしまうこともあります。それを予防する方法と取り方を解説します。

根がかりの種類 　引っかかているものと対処

海底の根や岩礁帯にひっかかっている

どうしても動かない場合は海底の根っこや岩に引っかかっている。

一度緩めてみる、角度を変えてみる

ベイルを一回あげてゆるくしてみたり、糸が張った状態を別の角度にして針がかりの方向を変えてみる。

ゴミや貝にひっかかっている

重くて糸を巻くと少し動く。抵抗を感じる場合は生きた貝やゴミ、ヒトデなどにかかっている。

竿と糸を平行にし、竿に負荷なく引く

それでも重いときはいったんベイルを立て、竿先からの糸を手袋やタオルで手を守った状態で引っ張る。

船やボートなど動く場所では、状況に応じてベイルを開けていったん糸を出す（すぐに閉じて糸を調整する）ドラグを左回しに回してゆるめ、糸を出せるようにするなども知っておこう。船の場合はすぐに中乗りさんや船長さんに声をかけてとってもらおう

とれない場合   どうしてもとれない場合は、糸を残さないように

タオルで手を守り糸をゆっくり引っ張る

ゆっくり引っ張ることで、運がよければ針が伸びて手元に帰ってくることもある。

ペットボトルに巻き付けて巻く

ペットボトルなどを釣り糸を巻き付ける。運がよければ針が伸びて取れるか、結び目で切れてくれる。

糸をハサミで切るのは NG

ついつい、焦って手元で糸を切ってしまいたくなるが、これは NG。

ゴミは海鳥や生き物に被害がおきる

釣り糸を残したり、海で出すゴミはどれも生き物が苦しんだり、命を落とすことにつながる。

堤防で遊ぶときは漁師の
仕事場に入っていることを忘れずに！

漁師　TAKASHI

　私は海で仕事をしていますが、趣味は釣りではなく山で遊んでいます。自然の中に踏み入れて遊ぶことは、野生に戻って自然と触れ合える時間です。そのため、海に出て遊ぶ釣り好きの人たちの気持ちもわかります。普段人間が踏み入れない場所の山や海に、楽しむために足を踏み入れるのは人間のエゴ。でも、自然と触れ合うことって大切ですよね。なので、できる限り、ゴミは持ち帰り、元の自然の状態に戻しましょう。また、堤防は役割があります。津波から人や街を守ったり、漁師の船が出入りするための船着き場でもあるんです。

　堤防で遊ぶときは、まずは関係者以外は立ち入り禁止や、釣りが禁止と書かれているかどうかを確認しましょう。釣り以前に、関係者以外が立ち入ることが禁止されているところに入らないようにしましょう。釣りが禁止の理由は、安全が確保できない場所であったり、過去に釣りによって漁業や近隣の住民に迷惑がかかったことがある、などが挙げられます。そのため、釣り禁止を守らないことで、釣り人のイメージがどんどん悪くなってしまいます。漁師には、釣り人に関しては寛容な人もいれば困惑する人もいます。それは漁師以外の近隣住民も一緒。魅力的な釣り場に思えるかもしれませんが、禁止ならそこは諦めて、釣りOKとされているところで楽しみましょう。

　遊ぶとき、気をつけてもらいたいのは、投げ釣りやルアー釣りでキャストしたときに船やロープにひっかけないようにすること。船に針がかかると、漁師が誤って握ってしまい怪我をすることもあります。また、撒き餌をそのままにしたら、すごく匂います。朝、仕事場に着いて鼻につく匂いが臭ったらいやですよね。なぜ釣り終えたら撒き餌を洗い流すかなど、まだ仕事をしたことがない子どもには職場というものが理解できないかもしれませんが、きちんと教えてあげましょう。

こうした看板があるところは釣り禁止だ。
諦めて別の場所を探そう

CHAPTER3

浅場の遊びと釣り

子どもと海釣りをする前に、海をもっと身近に感じるステップとして、浅場で生き物観察をするのもよいでしょう。ただし、小磯は怪我をしやすく、潮が満ちると危険度が増しますが保護者がそばにいてあげる必要があります。

浅場の海の特徴を知ろう

一般的に遊びに行く機会が多いのは夏の海水浴場で、海というと砂浜をイメージする人も多いかもしれません。日本では磯やゴロタなどが多くあります。南に行けば、汽水域にマングローブが生えている場所も。ここでは一般的な3種類を簡単に解説します。

小磯・磯　　岩が多い岩石海岸。岩礁性の海辺のこと。

潮汐によって岩礁帯が陸に上がっている小磯。潮が満ちると海に沈む。そのため普段海にいる生き物が干潮時に取り残され、生き物観察することができる。

サンダルなどは足から離れてしまうため、磯で遊べるソールがしっかりしたマリンシューズ・グローブがあるといい

POINT
☐ 多様な生き物が生息する
☐ 場所によって浅場で安全な場所がある
☐ 海藻で滑りやすい
☐ 尖った岩礁で怪我をしやすい
☐ 上級者になれば磯釣りもできる

生き物の種類：★★★

安全性：☆☆☆

ゴロタ浜　波に削られ丸くなった石が集まった浜

生き物の種類：★★☆

安全性：★☆☆

転倒防止に滑りくくグリップの効いた靴底で、しっかりと足にフィットしたスニーカーを履こう

POINT
- ☐ 砂浜より生き物がいる
- ☐ 海藻や苔で滑りやすい
- ☐ 岩で足をひねりやすい

ゴロタ浜では石と石の間に魚がいることが多く、ちょっとしたルアー釣りで魚釣りが楽しめる。

砂浜　砂だけでできている浜のこと。

生き物の種類：★☆☆

安全性：★★☆

浜における安全性は高いものの、生き物が少ない。海に入るのは監視員がいる海水浴場のみにしよう

POINT
- ☐ 岩がなく怪我をしにくい
- ☐ 見通しよく遊びやすい
- ☐ 生き物が少ない

浜に生き物は少ないが、遠投でシロギス釣りやヒラメ釣りなどを楽しめる。河川があればシーバスやクロダイも。

のぞきメガネで海の中を見る

小学生くらいになれば、ゴーグルや水中メガネをつけて海に潜って遊ぶこともできますが、小さな子どもにはのぞきメガネやアクアスコープと呼ばれるものを使って海の中をのぞきこむと安心です。遠浅の磯で干潮前、安全が確保できる時間帯やエリアで行きましょう。

海中観察　海の中で生き生きと暮らす生物を観察しよう

のぞきメガネを使うと顔を水に入れなくても海の中を見ることができる。

生き物発見！

海の中に顔をつけるのが怖い小さな子どもでも、海中観察を楽しめる。

海の中には小魚、カニ、エビ、貝類、ウニ、陸では見られない海藻などさまざまな生き物が暮らしているよ

石は動かしたら元に戻そう

海にある石は、苔がついていることがある。これは時間をかけて培ったもの。石の裏では生き物が巣を作っていたり、小さい貝や石にくっついて生きる生物は動けないため、ひっくり返したままだと死んでしまいます。観察するだけではなく、自然のなかで暮らす生き物の生息域を荒らさないようにしましょう。

色々な生き物　　自然のなかで生きる生き物を発見しよう

よく観察してみると、磯には多様な生物がたくさんいるよ。夢中になって潮が変わることを忘れずに！

磯には岩礁帯で暮らすメバルやメジナ、ソイなどの魚が多く生息する。

固定しているフジツボや、ウミウシなどがいることも

普段は隙間などに隠れているが磯はカニも多い。

CHAPTER3 | 03 |

水槽でミニ水族館を作ってみる

水槽はプラスチック製のものがおすすめ。水槽で小さな世界を作ってみましょう。ミニ水族館を作るときは、干潮前に行なうと遊ぶにつれ水位が下がり生き物がたくさん発見することができます。満潮時を知っておき、気をつけて遊びましょう。

生き物採集　海の中をイメージした水槽を作って観察する

のぞきメガネでを使うと素潜りと同じように海の中を見ることができる。小さな子どもでも楽しめる遊びだ。

⚠️ 足元は、グリップの効くマリンシューズかサンダルなら足首をホールドするもの。磯は滑る、鋭利な岩があると思おう！

水槽は楽しい！

条件　波がなく、遠浅の磯やゴロタ浜、砂浜で干潮前に行う

素手で触ると怪我をする生き物もいるので、捕ったら保護者に見せ、タモをひっくり返してそっとバケツに入れるルールにしよう

遊び方　タモですくってバケツに入れるだけ！

1. 生き物がいそうな場所を探す

生き物がいそうな場所を探す。あらかじめ海水を用意しておき、生き物をタモですくったらバケツに入れておく。

※一部の県や地域ではタモは禁止。わからないことは、行政のWeb サイトをみて確認してみましょう

2. かかった生き物をバケツに入れる

水槽に砂や砂利を敷きレイアウトを作る。捕った生き物を弱らせないように水槽に入れる。水槽の写真を撮ったら、生き物は元に戻そう。

必ず観察を終えたらもとの場所へ

生き物観察を終えたら、貝や魚、ひっくり返した石は元にもどしましょう。
種類を調べたいときは、スマホで写真を撮ったり、特徴をメモしておき家に帰ってからゆっくり調べましょう。
戻さないと法律に反してしまうことがあるので、必ず元に戻しましょう。

浅場でカニ釣りをしてみよう

磯やゴロタ浜でできるカニ釣りは、小さな子どもでもチャレンジできます。カニとのやりとりはスリルがあり、大人でも楽しめます。竿代わりの棒と糸とスルメイカとオモリがあればできますが、手釣りでもOK！　釣り道具を触る前に楽しむ釣りとして楽しんでみましょう。

カニ釣り　手で獲らずに道具を使って釣ってみよう

観察用の水槽を持っていくと釣れたカニを眺められて楽しい。ハサミで指をはさまれないように注意しよう。

カニ釣れたよ〜！

⚠️ 安全そうに見えても滑って海底の苔で深みへ流されることも。保護者は必ず子どものそばにいて、目を離さないようにしよう

遠浅の磯やゴロタ浜

スルメイカだけでもできるが、オモリがあったほうがやりやすい。五円玉など手元にあるものでも可能だ。なくさないように注意！

遊び方　素手でもOK！　長さが調整できる棒だとなお楽しい

1. カニがいそうな場所を探す
日陰になっている岩と岩の隙間で、まったく干からびていない場所によくいる。警戒心が高いので、ゆっくりとエサを落とし込んでみよう。

2. かかったカニとの攻防戦を楽しむ
両手でつかんだときはチャンス！　じっくり引き上げよう。小型よりも大きなサイズのカニのほうが握力があり釣りやすい。

ギザギザした磯は注意

遠浅の場所なら潮汐をチェックしておけば溺れる可能性は低くなりますが、カニ釣りをする際、ギザギザとした岩がある磯で遊ぶ場合は、深い場所がある可能性があるので気をつけましょう。
また、浅場でも潮が引いたときに現れる浅場の場合、干潮が何時なのかを知っておき、潮が満ちる前に遊びを終えましょう。

浅場でルアー釣りをしてみよう

小学校中学年以降なら、ゴロタ浜や遠浅の磯でルアー釣りをしてみよう。ただ、磯やゴロタはルアーが引っ掛かる「根がかり」をおこしやすく、ルアーをすぐなくしてしまう可能性がある。ルアー釣りをしたことがある大人がついてあげるとなおよし！

ソイ釣り　磯やゴロタでできるポイントを目で探して楽しめる釣り

岩の間にソフトルアーを落とし、あたかも小魚が泳いでいるかのように隙間をなぞるように竿を動かし泳がす。偏光レンズがあるとやりやすい。

針にはカエシがついており、刺さったら抜けない仕組みだ。まずは針の仕組みや扱い方を教えて、万が一刺さったら、カットし貫通させて取り除く手もある。刺さる可能性を考えて救急セットは持っておこう

針には気をつけて

ソフトルアーやジグヘッドはボックスに入れておこう

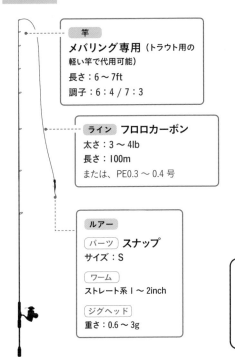

竿
メバリング専用（トラウト用の軽い竿で代用可能）
長さ：6〜7ft
調子：6:4／7:3

ライン　**フロロカーボン**
太さ：3〜4lb
長さ：100m
または、PE0.3〜0.4号

ルアー
パーツ　**スナップ**
サイズ：S
ワーム
ストレート系 1〜2inch
ジグヘッド
重さ：0.6〜3g

ワームと呼ばれる種類のソフトルアー

オモリとなるジグヘッド

> ジグヘッドについている針のカエシをペンチなどでしっかり潰せばカエシのないバーブレスという状態になり、リリースがしやすくなる

遊び方　**長さが調整できる棒だとなお楽しい**

1. ルアーを作る
ジグヘッドにワームを合わせる。ワームの頭から針を入れ、胴体を通すとおなかから針がでる状態になる。

2. 魚が隠れていそうな溝に落とす
岩の間などの溝にソフトルアーを落とし、竿を動かし泳がせる。影になっているところに魚がいて、ワームを喰ってくる。

砂浜でシロギス釣りをする

シロギスは砂浜からも釣れます。長めの竿に仕掛けをつけて虫をつけて遠投し、ゆっくりリールのハンドルを巻きましょう。餌が動いているときにシロギスが吸い込みかかります。かかっても焦らず巻いて手元まで釣り上げましょう。

シロギス釣り　初夏から釣りやすくなる投げ釣りの代名詞

シロギスは銀色に輝き、美しい目をしている。身は白く繊細で、海の女王と呼ばれる、美しくおいしい魚だ

水深が浅め（20-30m程度）の砂地に生息し、小さい群れで過ごす。

道具　軽く長めの竿とスピニングリールを使う

釣具屋さんでちょい投げセットと書かれているセットでも十分だよ

道糸　フロロカーボン
太さ：0.8〜1.5号
長さ：100m

仕掛け　砂浜 シロギス用
砂浜で投げるシロギス釣り用の仕掛け

天秤　投げ専用キス天秤
サイズ：20〜30号
天秤とオモリが一体

竿　投げ竿
長さ：3.6〜4.2m
固めのものより、オモリでしならせることができるくらい柔らかめのもの。

リール　中型スピニング
投げ専用スピニング

釣り方　遠投して仕掛けを底に落とし、ゆっくりハンドルを巻く

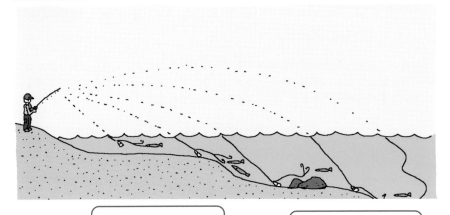

虫が長いと、魚が吸い込んでも途中で切れることがあるので、5cm程度でもよい。自分の好みの長さに切ろう

仕掛けや針のまわりに人がいないかチェック！

1. 仕掛けと針、虫をつける
竿先まで通した糸にちょい投げ用の仕掛け、針に虫をつける。頭から針を入れると外れにくい。

2. 後ろを確認して投げる
竿の振り方はP.XXを参考に。必ず後ろに人がいないか確認しよう。

遠くに投げよう！

3. 魚が追えるスピードでハンドルを巻く
早く巻きすぎると魚が違和感を感じたり追えないので、追えそうなスピードをイメージして巻く

| CHAPTER3　07 |
河口でハゼ釣りをする

ハゼ釣りは江戸時代から流行った庶民の遊び。江戸時代では生類憐みの令を発令した綱吉の死後、釣りがすぐに解禁となり大ブームになりました。さまざまな釣りが流行るなか、手軽な装備で挑戦できるハゼ釣りは庶民に親しまれた釣りだったそうです。

マハゼ釣り　河川や海に近い河口エリアに生息する

7月頃から小型サイズが浅場に移動し、9月頃から成魚が浅場に移動する。12月まで楽しめる

30cmを超えるサイズを尺ハゼといい、ハゼ釣り愛好者が求めるサイズ。また、シンプルな釣りであるからこそ、道具にこだわり和竿を利用する人も。

| 竿 | 渓流竿 |
長さ：2.7 ～ 4.5m

| 道糸 | ナイロン
太さ：2 号前後
長さ：竿の長さと同じ長さ

道具　リールなしの竿でもOK！

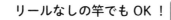

釣れたぞー！

| 仕掛け | 陸用のハゼ仕掛け
| パーツ | スナップスイベル
サイズ：S
| 天秤 | ハゼ天秤
| オモリ | ナス型
サイズ：0.5 ～ 1 号
初めてなら、仕掛けセットにすべて付属しているものがよい

小さいハゼなら小さい子どもでもチャレンジしやすいね！

釣り方　遠投して仕掛けを底に落とし、ゆっくりハンドルを巻く

1. 仕掛けをセットし、エサを針につける
よく釣れるエサは生きたアオイソメ。基本は
3cm ほど長さに切り、頭の部分を針にかける。

2. 水草など邪魔のないところに投げる
障害物がなければ、軽く投げる。浅瀬なら手元
にゆっくり引くと釣れることも。

虫が苦手なら、釣れる確率
は下がるが、ボイルホタテ
や魚肉ソーセージでも

3. アタリがあったら焦らず竿を上げる
リールがついていれば焦らず巻き、延べ竿な
らすーっと竿をあげて魚を取り込もう。

食育も楽しめるハゼ釣り

マハゼはウロコが薄くやわらく、ヒレもささりにくいため子ど
もと調理するのにうってつけ！　釣ったマハゼはザルに入れて
粗塩をまぶし、手で揉んでウロコと汚れをおとそう。残ったウ
ロコは包丁（よく研いである果物包丁など小さいものがよい）
の歯を立てて落としきろう（P.104 参照）。内臓と骨を落として
開きにし、小麦粉をまぶして揚げれば天ぷら。素揚げでもおい
しい。塩で食べると身の味が感じられておすすめだ。

アワビやサザエ、海藻など
漁業権で守られている生き物を知ろう

　海の生き物観察はとっても楽しいアクティビティです。なかには食べられる生き物も捕まえられる
はずです。しかし、海の生き物は自然にあるものだから何でも獲ってよい、というわけではありませ
ん。魚、貝類、海藻など生き物たちが減らないように、一般の人は採って持ち帰ってはいけません。
また、漁師も獲ってはいけない禁漁期間があります。地域の漁業調整規制によりますが、基本的に
現行犯の場合密漁犯として警察に逮捕され、懲役と罰金が発生します。

　数が少ない生き物については、漁師やボランティア団体が魚なら稚魚を、海藻なら植え付けを、
貝なら稚貝放流（子どもの貝を海に流す）するなどして維持しています。それを自然のものだからと
獲ってしまうのは、農家さんの畑で野菜や果物をもいで盗むことと同じです。個体は判別できません
が、水産資源の保護、漁業秩序を維持するために制限を設けています。

　下記の例は一例です。地域や季節によっても異なるので、あらかじめ調べてみましょう。

貝類（一例）

サザエ

アワビ

アサリ

海藻（一例）

ワカメ

コンブ

テングサ

その他（一例）

タコ（場所による）

イセエビ

CHAPTER4

船釣り

船に乗るとなると、とたんにハードルが高くなるイメージがあるかもしれません。しかし、ビギナー向けの船に乗れば、レンタルもありますし、釣り方も教えてもらえ、なおかつ釣れる確率がグンと上がるのでおすすめです。

釣り船の種類を知ろう

船釣りは主に3種類。手軽なのは大型の釣り船で楽しむ乗合船、1〜4人程度が乗れる手漕ぎボート、船長が所有する小型船を貸切にするプレジャーボート。レンタルがあり、手ぶらで楽しめ、乗合船からスタートするのがおすすめ。

乗合船　他のお客さんと一緒に大型船で釣りを楽しむ

受付の際に初心者であること、子ども連れを伝えると、出船前に道具の説明、注意事項教えてもらえることが多い。釣り場に着いても釣り方から持ち帰り方を教えてくれるので安心。

> 大型の乗合船を貸切で予約することを仕立船と呼ぶ。沖にある磯や堤防に渡る渡船というものもあるよ。ただしビギナーには不向き

POINT
- □ 駅から送迎サービスがあるところもある
- □ 各種道具はレンタル（有料）がある
- □ 釣り方を教えてもらえる
- □ エサ、氷を用意してもらえる（一部有料）
- □ 船酔いが心配でも時間の短い半日船がある
- □ 船にトイレがある

始めやすさ：★★★

費用：★★☆

安全性：★★★

ボート　手漕ぎや小さいモーターがあるレンタルボート

始めやすさ：★☆☆

費用：★★★

安全性：★☆☆

遠くの沖には危険なので出られない。陸へ戻りたいときは携帯で呼び出して送迎してもらうサービスもある

POINT
- ☐ 低価格
- ☐ ある程度時間が自由
- ☐ 波や天候に注意が必要
- ☐ 釣りの経験者が安心

初めてボートなら水深が浅い河口付近のハゼ釣り等の小物釣りが○。ポイントの変更、アンカー（イカリ）の落とし方、釣り自体の知識が必要。ポイントや船の操作は教えてくれる。

プレジャーボート　ガイド船。少人数で釣行する玄人向け

始めやすさ：★★☆

費用：★☆☆

安全性：★★☆

狙う魚によって船宿を探そう。レンタルがあるかどうかは事前に確認しよう。好きな釣りができたら挑戦！

POINT
- ☐ 気兼ねなく釣りができる
- ☐ 釣り物を相談できる
- ☐ レンタルは要確認

小型のモーターボートのため少人数で乗る。仲間内で人数を揃えて予約する。天候や釣りたい魚によるが、釣るポイント移動に関して小回りが効くことが多い。座席は船の後ろ側のみ。

季節ごとのおすすめの釣り船

初心者におすすめなのは、軽いオモリを使って浅い場所で釣れる魚。軽い釣具で狙うアジ、シロギス、カサゴ、季節によってメバル。船酔いが心配なら乗船時間の短い半日船もこの釣り物なら設定されていることがあります。また釣った後小型の魚なら取り扱いもしやすいです。

春 　メバル・イシモチ・カサゴ・マダイ

メバル

> 春先は産卵期の魚も多く、栄養をとるため活発に餌を食べ、よく釣れます。気温も上がり、釣りが始めやすいよ

イシモチ　　　　　カサゴ　　　　　マダイ

夏 　サバ・シロギス・タチウオ・マゴチ・マダコ

シロギス

> 水温が上がると浅場に移動してくる魚が多い。浅場だと釣りもしやすいので初心者には夏もおすすめ！

サバ (ゴマサバ)　　　タチウオ　　　　マゴチ　　　　　マダコ

一年中釣れる魚のマアジ釣りについて

釣り物として通年出船率が高いのがマアジ。アジ釣りは釣り方、エリアがさまざまで、手軽に狙える浅場の根まわりを狙う軽めの釣り道具のライトタックルアジと呼ばれる釣りや、重いカゴのビシと電動のリールを使って浅瀬から100m近いポイントも狙う「ビシアジ」釣り。エリアによっては「サビキ仕掛け」を使う釣りもある。回遊性のサバと違い、根まわりで「根付き」のアジを狙うので周年狙える。また釣れるターゲットでも、エリアに寄って「禁漁期間」が定められているケースが船釣りにはあるので注意。

| 秋 | カワハギ・イナダ（ブリの小型）・スズキ（シーバス）・タチウオ |

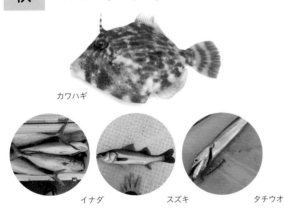

カワハギ

イナダ　　スズキ　　タチウオ

> 晩秋はとくに脂が乗り始め、多くの魚がおいしくなりはじめる。寒すぎず、釣りにいい時期だよ

| 冬 | マアジ・アマダイ・カレイ・ヒラメ |

マアジ

アマダイ　　カレイ　　ヒラメ

> 寒いけれど、防寒対策はバッチリして、冬の時期ならではの魚を狙おう。魚のおいしさは抜群！

CHAPTER4 03
船宿利用の基本

ここでは、堤防釣りの一日の流れを解説します。船釣りを計画するときに必ず目を通してイメージできるようにしましょう。船宿選びは、ホームページや SNS を参考にしましょう。

1. 予約する
Web サイトや SNS をみて、ビギナー向けであれば利用の仕方がわかりやすく説明してあるはず。わからないことは電話で聞いてみよう。

2. 早めに家を出て受付を済まし乗船する
朝食を済まし酔い止めを飲む。駐車場がわかりづらいことが多いので早めに到着しよう。受付で席の札を確保し、札と交換で乗船する。

3. 出船前に道具の準備と身支度をする
道具のセッティング。スタッフや船長さんに聞こう。酔い止め防止に出船前に仕掛けをつけ、少し痛むが可能ならエサをつけておいてもよい。

4. 出船後、ポイントに到着し釣り開始
ポイントに到着すると船長がアナウンスしてくれる。釣りを開始する。わからないことは船長さんやスタッフの中乗りさんに聞く。

冷えた海水を用意しよう

釣りの前に各自配られるイケス用のバケツに海水を貯めておくことと、支給または購入した氷をクーラーに入れ、そこに氷がひたるくらいの海水を入れて冷やしておこう。パイプをとおして船内に海水が流れるシステムがない船の場合は、水汲みバケツがあるはずなので、船が停まっている間にバケツで海水を汲もう。クーラーのフタは必要な時以外は閉めておこう。

5. 釣り中は糸を張る
釣り糸はいつでも張っている状態にしよう。ゆるまっていたり流しっぱなしにすると周囲の人の糸と絡んでオマツリという状態になってしまう。

6. 自分で対処できなくなったら相談する
大きな魚が釣れたり、糸が巻けないなど自分ではどうしていいかわからないと感じたらすぐに船長さんか中乗りさんに声をかけよう。

7. バケツに魚を入れ、血抜きをする
血抜きはエラに刃を入れる必要があるが、その際、魚が暴れてヒレで怪我をしがち。グローブやタオルなどを用意して怪我しないように行おう。

8. 沖上がり後はすぐに帰る
船から戻ったら、レンタル品を返却し、手洗いを済ませ、すみやかに帰ろう。釣りの間に出たゴミは持ち帰ろう。

アジ釣りに挑戦してみよう

ビギナーにおすすめなのが釣れる確率が高いアジ船だ。比較的陸から近場で釣れるため、船での移動が少なく疲れにくい。釣り道具やエサがやや重いので、小学校中学年以降がよい。船酔いに不安があるようであれば、半日船を選ぼう。

マアジ(真鰺)　多く流通する大衆魚。群れで回遊する

マアジの産卵期は西日本なら冬〜春、東日本だと初夏。産卵よりも活動域で身の脂のノリが大きく異なる

回遊するものと、居付くものがある。鮮度の良い状態で持ち帰ろう。特に水温が高い時には血抜きをし、海水氷で冷やしたクーラーの中に早めに入れよう。

道糸 PE
太さ：1〜2号
長さ：100〜200m

道具　ビシというコマセを入れるカゴを使う

仕掛け
全長：1.5〜2m

天秤　ライトタックル用
長さ：20〜30cm号

ビシ　アンドンビシ
サイズ：30〜40号

クッション　クッションゴム
太さ：1.5mm　長さ：20cm

カゴに入れるコマセは容器の8分目程度にすると詰まりにくく、重くならないので子どもにも扱いやすいよ

竿　LTアジ専用
調子：7：3／8：2　長さ：1.8〜2.1m
ライトタックルロッド

リール　小型両軸

1. 船が出る前に準備する
出船前に竿に仕掛けをセットをする。着いて
からでもよいが、針にエサをつける。

スプーン
コマセ
竿置き

2. 仕掛けを海に入れ、ビシを海に入れる
ポイントに到着し合図が出たら、ビシにコマ
セを入れ、針、ビシの順番で海に入れる。

3. 指示された位置でビシを振る
ビシが底に着く。そこから船長が指示した水
深まで巻き上げて竿を振りコマセを出す。

4. アタリがあったらゆっくり焦らず巻く
海面にビシが見えたら巻きを止め手でビシをコ
マセのバケツへ。仕掛けを手繰って魚を取り込む。

シロギス釣りに挑戦してみよう

シロギス釣りは船釣りの基本が学べる。軽いオモリで引きが強く釣り味も満点。出船形態も、一日船、午前午後船、ショート船等が有り、手軽でファミリーにも人気。小さい魚なので釣れたあと子どもでも自分で対処しやすく、親も余裕をもって釣りを楽しめます。

シロギス（白鱚）　刺身、天婦羅などでおいしい小型の白身魚

15〜25cmが平均サイズ。季節によっては30cmなどの大きいサイズが釣れることもあるよ

シロギスは海底で泳いでいる。海底にいる小エビや虫等を、一旦吸出し食べやすくしてから吸い込むため、振動が来たら少し待ち、2回目の振動で合わせよう。

道糸 PE
太さ：1号前後
長さ：100m

道具　仕掛けはテンビン仕掛けか、胴付きと呼ばれる仕掛け

エサは虫。虫が苦手な人は、人口餌が普及しているのであらかじめ釣具屋さんで買っておこう

竿 シロギス専門竿
長さ：1.5〜1.8m
調子：7：3調子

リール 小型スピニング

仕掛け 全長：約1m

天秤 キス用片天秤
長さ：10〜15cm

オモリ 小田原型
重さ：15〜20号

釣り方　動いている餌に反応するシロギス。「誘って釣る」が学べる

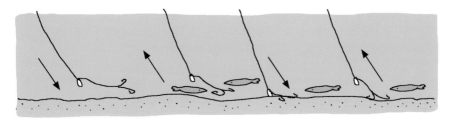

1. オモリを海底に落とす
2. 一度オモリを上げるなどして魚を誘う
3. また海底に落とす
4. また上げる

1. 仕掛けにエサをつける
出船前にエサを 3 〜 5cm に切り、雑巾の上などに置いて水気を切ると滑らず付けやすい。

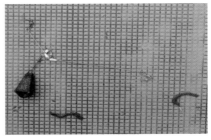

2. 仕掛けができたら海に入れる
虫がついた針、テンビン（オモリ）の順で海に投入。針を先に海に入れれば怪我をしない。

3. 底に落とし竿を上げて仕掛けを動かす
底まで落とし糸を張り、手首分持ち上げ竿先をオモリを底から上げると餌が動き誘いになる。

4. ブルブルと震えたら 2 回目を待つ
慌てず巻き、海面に天秤が見えたらさらに一回転巻き竿を立て、オモリと天秤をつかみ取り込む。

メバル釣りに挑戦してみよう

春の季節になるとおすすめなのがメバル釣り。クロメバルがターゲット。船での釣り方は餌付けの要らないサビキ仕掛けを使った「サビキメバル」、生きた小エビを使う「エビメバル」と釣り方によって名前が付いています。引きも強く慣れるとビギナーでも大漁のチャンスも。

メバル（目春） 春告魚と呼ばれ、高級魚の扱いをされる白身魚

> 地域により、解禁、禁漁期間が設定されている場合や、仕掛けの種類、針数の制限等の規制もあるよ

釣り物ではクロメバル。クロ、シロ、アカの3種類に分類される。深い所のメバルでマーケットの表記が「赤メバル」と呼ばれるウスメバル、トゴットメバルが代表的。

道糸 **PE**
太さ：1-1.5 号

道具 軽い長めの柔らかい竿と小型の両軸リールを使う

> 釣り方、エリアでルールが違うので船宿に確認しよう。仕掛けや竿が長いが、慣れれば大漁が期待できるよ！

仕掛け

パーツ **サルカン**
サイズ：S

オモリ **ナス型**
サイズ：20 号前後

竿

メバル専用竿
長さ：2.4 ～ 3 m
調子：6：4 / 7：3

リール **小型両軸リール**

落ちてくるエサに喰いつくメバルを釣る

オモリを５０cm〜１m
浮かせるイメージ

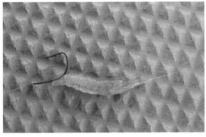

1. 仕掛けにエサをつける
活きた小エビの尾びれを切り、エビが動きやすいよう、針先が背中に来るようにつける。
※サビキ釣りの場合はエサ付けはなし

2. 針に気をつけて海に入れる
仕掛けの全長が長く針が多い。取り込み時の操作は船長に聞いて絡み防止の方法を教わろう。

3. 底まで落とし何回か巻く
底から少し離して置くと根掛が回避できる。時折オモリを底に着けて確認する。

4. 多点掛けを狙う
アタリ（魚がかかった振動）があってもすぐ巻かずに待てばほかの針に群れのメバルがかかる。

魚の取り込み方、注意点

魚が釣れたら、安全に魚を取り込む必要があります。魚も普段暮らしている海から突然空気に触れてパニックをおこします。素早く取り込み、すぐに締めてあげましょう。乱暴に扱ったり、放置するとおいしくいただけず、命を無駄にすることにつながります。

取り込み方　怪我せず、釣り道具を壊さず、魚を傷つけない

1. 糸を巻きすぎず、竿先が壊れぬよう注意する

2. 魚が大きい場合タモを使いすくうことで竿が折れることを防ぐ

1. 魚を船内に入れたら、オモリやビシ、竿を安全な位置に置く

2. 海水の入ったバケツに入れ、青魚はすぐに血抜き（P.100）しクーラーに入れる

素手は NG　素手でつかめる魚もあるが、なるべく道具を使おう

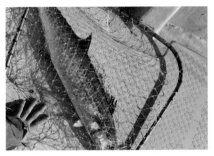

タモ（網）を使う
少し大きいサイズの魚で取り込みに自信がなければ、船の場合スタッフの中乗りさんに声をかけ、タモですくってもらうこともできる。

フィッシュキャッチャーを使う
タチウオなど歯が鋭い魚やヒレが鋭い場合や、ぬめりがある魚などはフィッシュキャッチャーを使うと安全につかめる。

タオルでつかむ
破棄するタオルや雑巾があれば魚の目を布で覆うことでパニックがおさまる。その後、フィッシュキャッチャーなどでつかむとよい。

プライヤーを利用する
フィッシュキャッチャー、タオル、どれも持ち合わせがなく魚が小型の場合、魚の下顎をプライヤーでつかむことも可能。

フィッシュグリップを利用する
魚の下顎をつかむグリップ。重量を計る機能があるものもある。中型〜大型の魚で使うことが多い。

子どもと自身の船酔い予防は
体調管理と酔い止め薬、こまめな工夫を

　船酔いは体質によるものが多いですが、一般的に子どもは乗り物酔いがしやすく、酔わないように心がけることを大人が配慮する必要があります。自分自身も酔わないためにも、ここでは、船酔い予防の基本的な項目を挙げているので、目を通しておきましょう。

前日	大人は飲酒をしない（釣りの間も飲まない） 早く寝て睡眠時間を必ず確保する
当日の朝	朝ごはんは、ほどほどに食べる 出船予定の1時間前までに酔い止め薬を飲む／飲ませる
出船	船に乗ったら、スマートフォンの画面を見ない 移動中は遠くの景色を見るか、水平線を見るように教える
釣りの間	事前に船長さんに酔う可能性をそれとなく伝えておく エサの付け替えは目元の高さで素早く行い、下を見て行わない 糸が絡んだら、自力でやらず船長さんや中乗りさんに助けを求める

酔ってしまったら

　酔い止め薬をあらかじめ飲んでいても船酔いをしてしまうことがあります。船酔いを改善する方法は、人によって異なり、いつも同じ方法で治るとも限りません。もしも酔ってしまったら、人によって改善する方法はさまざま。例えば横になる、刺激の強いミントのラムネを口に入れる、炭酸をひとくち飲む、氷を食べるなど。一度戻してしまうことで楽になる、という人もいます。酔ったときに船内に入ることをすすめられることがありますが、船内で座ると水平感覚がとれず、目をまわしてより酔うことがあるので、自分の判断で少しでもよくなる方法をみつけてみましょう。いずれにせよ大人の船酔いの大きな原因は、体質のほか体調不良が大きく関係し、自分でコントロールできることは寝不足にしない、前日にアルコールをとらない、当日は空腹または満腹を避けること。あとはあまり船酔いを気にしすぎず、楽しく釣りをすることに集中してみましょう。

湘南・茅ヶ崎漁港
取材先：ちがさき丸
https://www.chigasakimaru.com/

CHAPTER5

魚を食べる

釣魚料理の醍醐味は、釣ったその瞬間からおいしさをコントロールできること。適切な持ち帰り方法で市場で買う魚では味わえない部位や鮮度、さらに〆め方次第で、熟成も楽しめます。

| CHAPTER5 01 |

釣った魚、いつ締める？

魚は釣った後の処理次第でおいしさが変わります。処理にはさまざまな方法があります
が、基本は釣った魚は血抜きをし、氷で〆るか延髄を切って締めて冷やすこと。釣った
後放置したり、ずっとバケツに入れていると味が落ちたり食中毒の原因になります。

なぜ締めるのか？

おいしくいただくためのひと手間

釣った魚を食べるために大切なのが食中毒を起こさないよう
にしたり、おいしい身にしたりするためにひと手間かけること。
魚には旨味成分（ATPというエネルギー源）があり、魚が呼
吸ができずストレスがかかったり、暴れたりすると、身にある
ATPが消費され、旨味が落ちます。血生臭さを防ぎ、自己消化
（腐敗）を防ぐためにも、手早く処理しましょう

> ATPは魚に限らず肉にもある。エ
> ネルギーの元となる成分だ。ATP
> はIMPという物質になると旨味
> が増す。ATPは多ければ多いほ
> どよい。釣った魚のATPを多く
> 保てるかどうか
> は釣り人次第！

締め方は大きく分けて3通り

活締め ══ 血抜き	ナイフで即死させる。その際血も出るので血抜きにもなる。
血抜き --▶ 氷締め	しっかりと血抜きをし、体内の血液を抜き、氷で締める
血抜き --▶ 神経締め	血抜きをし、体内の血液を抜き、神経締めをする（順番は人による）

> 身の自己消化が進むとヒス
> タミンが発生する。それを
> 食べると嘔吐や発熱、下痢
> などのヒスタミン中毒をお
> こすんだよ

どの締め方を選ぶ？

赤身の魚はとにかく血抜きをする

泳ぎ回るサバやカツオ、ブリ（イナダなど幼魚）などは、血抜きをすることで、血生臭さを避け
ることができます。また、こうした赤身の魚の身は自己消化（腐敗）が早いため、血抜きが済ん
だらすぐに氷で締めましょう。また、白身魚の場合、熟成させた刺身が好きな人は血抜きをし
っかりしておくとよいでしょう。

血抜きの方法

1. エラと尾の根元に刃を入れる

エラと尾の根元を傷つけて海水が入ったバケツ（または船のイケスなど）に泳がすことで、血が抜けます。尾の根元にも刃を入れるほうが早く血抜きができます。ただし、基本的に身に刃を入れることで、そこから傷みます。（活締め写真②・③参照）

2. 顔の側面に刃を入れる

カワハギやヒラメ、マゴチなど形状が平べったく、体の形が筒形ではない魚の場合、エラの幅が狭く小さいです。刃を入れづらく、また血も出にくいため、太い血管がある顔の側面に刃を入れ、血を抜きます。

氷締め

小魚などは都度ナイフで締める手間を省いて氷締めにしてしまうとよい。氷締めは、氷で5〜8°に冷えた海水に魚を入れる方法。
クーラーボックスに魚が浸る程度の海水を入れ、氷を入れて冷やして準備しておきましょう。

活締め（血抜き）

延髄（中骨）を切り脳死させ、暴れたりストレスがかかったりして身が悪くならないようにします（①）。そのまま血抜き（②・③）とする人もいます。大量に血抜きをしたい赤身の魚はエラを傷つけ、生簀やバケツで泳がせて締める人も。ただしストレスはかかります。

①アイスピックなどでここ（脳）を突く

②エラブタの中にナイフを入れ、エラの付け根の血管を切る

③ナイフで尾の付け根に切り込みを入れる

※③はやらない人もいる

神経締め

鼻から針金を入れ、そのまま脊髄に針金を通して破壊します。脊髄は死んだあともATPを消費するので、破壊しておけばATPが消費されずに死後硬直を1日延ばせます。そのことでATPが保たれ、分解されて旨味を増強するIMPが発生しやすくなります。

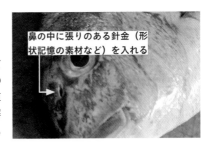

鼻の中に張りのある針金（形状記憶の素材など）を入れる

釣った魚を食べる前に

魚に限らず、生き物には必ず菌や毒が含まれていることがあります。また、自然の中で生き抜いてきた生き物には多くの虫や汚れがついています。食べる前に雑菌や毒、寄生虫を取り除いてから調理しましょう。

お腹を壊す原因

1. 皮やヒレなどに残る雑菌
皮にヌメリがある魚には雑菌がついている（表皮粘液毒）ことが多く、ほかの魚と一緒に保存、処理するのは避ける必要があります。

2. 毒のある部位
多くは内臓に毒を蓄えますが、キタマクラというフグには皮に毒があることも。見覚えのない魚は触らないようにすることが大切。

3. 身に発生するヒスタミン中毒
ブリ、マグロ、サバなどの赤身の魚は身にヒスチジンという成分があり、これがヒスタミンになり中毒をおこします。

4. 寄生虫、菌による食中毒
寄生虫にはさまざまな種類がありますが、多くはアニサキス、腸炎ビブリオ菌などがあります。

水道水で手早く洗い、水分をとる

捌いたときに内臓や血で汚れた魚は都度水道水で洗い、キッチンペーパーなどで水分をとって作業しましょう。水道水は魚の身を痛めてしまうので、水分を拭き取ることでそれを防ぎます。

まな板や包丁をきれい保つ

捌くのに夢中になっていると、まな板が汚れたまま魚をおろしてしまい身が血だらけなんてことも。また、魚の皮の表面にある雑菌などがまな板に付着し、食中毒をおこすこともあるため、まな板はこまめに水道で汚れを洗い流しましょう。包丁は魚の脂でぬめり、切れにくくなることもあるので、汚れと脂を落として作業しましょう。

観察しながら捌く

イカや魚に多いのが、アニサキスという寄生虫。これは目で確認することができるサイズなので、目視しながら捌きましょう。よく見て捌いていれば、粒や小さい糸状のものは目に付くので、包丁の刃を立ててさっと撫でるようにして取り除きます。

CHAPTER5 03

魚を捌く 3枚おろし編

3枚におろす、大名おろしを覚えてみましょう。アジやサバなど形状がシンプルで、手のひらより若干大きい魚で練習がしやすいです。魚を捌く基本は、内臓を取り出して、骨と身を切り分けること。3枚おろしができるようになれば料理の幅が広がります。

完成図

包丁の扱いを教えよう♪

①ウロコをとる

ウロコを落とします。ウロコおとしがあると便利。背ビレのキワや腹ビレ、頭周辺など、落としにくい場所もあるのですべてきれいに落としましょう。

> ウロコおとしがなければ、包丁の刃を立てて尾から頭にかけて動かしてウロコをおとす方法もあるよ

②ヒレの裏から刃を斜に入れる

頭を落とす。ヒレの裏に刃を起き、脊髄に向かって斜めに刃を入れる。斜めに入れるのは、無駄に肉を落とさないため。

③反対側からも同様に刃を入れる

逆側からも刃を入れて頭を落とす。頭は捨てずに水洗いをし、エラをとって出汁をとるなど調理に生かせる。大きければ兜焼きなどにも。

④お腹に刃を入れる

魚の肛門に刃先を入れて、頭部のほうまで刃先でお腹を割る。刃を入れすぎると内臓をカットしてしまうので注意。背ビレから捌いてもよい。

⑤内臓を刃で落とす

内臓を刃で落とす。内臓に刃が触らないように腹を割けば、中に卵などおいしい部位があった場合、食材になる。難しい場合は手でやっても。

⑥背から刃を入れる

一度背ビレに沿ってやや刃を立てて背骨にチキチキと音がなる程度にガイドのカットを入れ、少しずつ刃を立てながら身をカットする。

⑦ 1 枚におろし、反対側も行う

剥がしている身を持ち上げながら細かく刃を入れて骨から身を切り離す。これを反対側も行えば、3 枚におろせる。

腹開きを作る

捌く上で覚えておくと便利なのが開き。開きは冷凍した場合でも解凍が早かったり、そのまま凍っていてもグリルで火が通りやすいです。開きには腹開き、背開き、片袖開き、頭落としなどさまざまな方法がありますが、ここでは腹開きを解説します。

完成図

①ウロコをとる

アジなどウロコが少ない魚は包丁の刃を立てて、表面をこすると薄いウロコがとれる。しっかりしたウロコを取る場合はウロコおとしがあると便利。

②エラの根元を切る

エラとエラの根元をカットする。小魚であればキッチンバサミなどでカットして取り外してもOK。大きな魚の場合、エラは指を傷つけるので注意。

③お腹を裂く

エラから肛門(逆でも)にかけて刃を入れる。魚によっては卵や肝などおいしい部位があるため、刃先で行い内臓に刃をあてないようにしよう。

④内臓を落とす

包丁の刃の上部分だけを入れて、内臓を落とす。写真ではわかりやすいよう浮かせているが、魚は寝かせたままでOK。

⑤水道水で腹を洗い、水気をとる

内臓を落としたお腹の中を水道水で、指などを使って洗い流す。さっと血や内臓のカスなどが落ちればよい。キッチンペーパーなどで水気をとる。

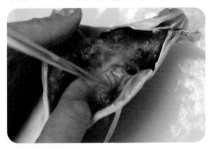

⑥包丁で魚を開く

包丁が骨にあたるよう少し刃を立てて開いていく。魚は寝かせたままでも構わない。小魚の場合、大きな包丁だとやりづらく小さめの包丁がおすすめ。

⑦柄に近いほうの刃で頭を割る

頭を開く。この時、包丁は手首に近い、柄に近いほうの刃を使うと力が入り落としやすい。背ビレは切り落とさないようにしよう。

⑧開く

背ビレ部分を残して包丁で開く。干物を作るときは、このあとのP.108を参照。

日持ちしやすい保存食を作る

食べられる分だけ魚を持って帰って余ってしまったら保存食にして楽しむこともできます。保存の基本は干す、漬けるの2パターン。白身魚なら昆布締め、赤身なら醤油と生姜・ニンニクで漬けにするなど魚にあった方法を選びましょう。

魚の卵を塩蔵して酒に漬け、干して作るカラスミを使った料理。煮付けでは食べきれない大きな卵を入手したらカラスミ作りもよい

干物の調味液はひとそれぞれ入れるものや配合率を変えてオリジナルを作るのも楽しい。水分が多い魚にむく

干物

①開きにした魚を調味液に漬ける

開いた魚を海水と同じくらい（500ccで大さじ1の塩）の塩加減で塩水を作り、そこに好みで日本酒や昆布を入れ、開いた魚をバットなどで10～15分浸します。

②調味液の水分をとり、干す

水分を軽くとり風通しのよいところで干す。直射日光が当たるところは、すぐに乾燥するため、干すなら短時間で。表面が乾きすぎないところで完成にする。

刺身にアレンジする

昆布締め

キッチンペーパーに日本酒をしみ込ませ、乾燥した昆布の表面を拭き馴染ませる。柵にした白身魚の身を昆布で挟み、ラップで巻き、1時間～冷蔵庫で寝かせる。

酢締め

砂糖と塩で身の水分を出して米酢で締める。砂糖で柵を覆い、3～40分放置し、水洗いし拭く。これを塩でも行い、容器に身を入れ酢に浸し、20分ほど締める。

漬ける

西京漬け

西京味噌を用意する。なければ白味噌でも可。酒、みりん、砂糖（少なめ）を合わせ、身を覆い2～30分放置。焦げやすいので注意しながら焼く。

オイル漬け

使い切れない魚の身をオイルで漬けて酸化を防いで保存する方法。オイルに好みのハーブ（ローズマリーやタイム）や香味野菜（セロリ、ニンニク）を漬けても。

内臓や卵は珍味になる

捨ててしまいがちな内臓も、処理次第でおいしい食材に。例えばチャンジャはタラの内臓を洗って塩漬けにしたもの。ほかにも魚卵を塩で水分をだし酒に漬け、また干したものが海のチーズと呼ばれるカラスミになります。カタクチイワシも塩蔵し、オリーブオイルに漬け熟成させればアンチョビに。

07

基本の焼く・揚げる・煮る

魚は生のままなら刺身、焼けば焼き魚、煮れば煮魚と簡単です。シンプルであればあるほど、丁寧に調理してあげるとおいしさが増します。日が経ってしまう可能性があるとき、味に変化をつけたいときは、ハーブや味噌、付け合わせるソースをアレンジしましょう。

下処理の基本

釣ってから調理するまでの間の保存

冷やして持って帰ってきた魚は、内臓を落とし、水道水でよく洗い水分を拭いておく。すぐに処理ができないなら、クーラーの冷えた海水を温まらないようにキープして冷やし続けましょう。

> 内臓や処理したものが家で臭くならないように、密封袋に入れて捨てる日まで冷凍庫で凍らせておけば腐らず匂わず清潔だよ

塩をふりかけ余計な水分をふきとる

塩による浸透圧を利用して身から余分な水分を出します。魚臭さ、生臭さを軽減できます。捌いた魚の身に、塩をパラパラとふりかけると水分が出ます。キッチンペーパーで水分をふきとりましょう。

> すでに匂いがあるようなら、スパイスやハーブ、香味野菜を活用したレシピにすればおいしく食べられるよ！

生臭さをとる（煮魚用）

臭みのもとは腐敗のほか雑菌もあります。魚を捌いたら、身をざるに入れて熱湯をかけましょう。魚の自己消化（腐敗）の進行のなかで、身にある旨味成分でもあるジメチルアミンが微生物により臭みのある物質のトリメチルアミンに変化します。

焼く

ただ焼くだけでもおいしい。少し粉を
つけて揚げ焼きにしても。赤身、白身
ともにおいしくいただける。

揚げる

水分が多めな魚に特に向く。新鮮な
魚は素揚げもおいしい。粉をまぶし
て揚げましょう。ソースを変えるだ
けで味わいを変えられるのが楽しい。

煮る

魚の皮が煮崩れしやすいので、おた
まで回しかけながら煮る。生姜・ネ
ギと合わせて煮ると臭みがとれる。

監修：山口 充

プロアングラー・日本釣振興会神奈川県支部長

釣り情報バラエティー番組『釣りたいっ!』JCOM メイン MC

1967 年生まれ。東京都出身。
元 2 輪のレーサー兼レーシングチーム代表
2020 年 IGFA タチウオ世界記録フォルダー
釣り情報バラエティー番組『釣りたいっ!』（JCOM）メイン MC
＜ BS フジサンデースペシャル＞巨大魚シリーズ（BS フジ）「原西フィッシング倶楽部」（BS フジ）企画協力・出演、雑誌では『月刊つり人』、インターネットサイト『釣り Tiki 東北』『釣りビジョンオフショアマガジン』を担当。そのほか広告媒体などで活動しつつ、現在は『月刊つり人』、『オフショアマガジン』（釣りビジョン）ライター兼フォトグラファーを担当。

編集・執筆・制作
井上 綾乃
※ Chapter3 浅場の遊びと釣り 監修

編集協力
フィグインク

イラスト
2g

撮影
久松 真一

モデル
川口 由貴絵
川口 太夢
山賀 沙耶

取材協力
ちがさき丸
TAKASHI

写真提供
阿部 千絵子
おちから丸
酒井 拓宏
野口剛司
ふるかわ まきこ

P.70　タバタお客様相談室　0120-989-023

親子で「海釣り」徹底サポート BOOK
子どもと楽しむ堤防・浅場・船釣りのコツ 48

2021 年 7 月 30 日　第 1 版・第 1 刷発行

監修者　　山口充（やまぐちみつる）
発行者　　株式会社メイツユニバーサルコンテンツ
　　　　　代表者　三渡 治
　　　　　〒 102-0093 東京都千代田区平河町一丁目 1-8
印　刷　　三松堂株式会社
◎『メイツ出版』は当社の商標です。

ご意見・ご感想はホームページから承っております。
ウェブサイト https://www.mates-publishing.co.jp/

編集長：折居かおる　副編集長：堀明研斗　企画担当：清岡香奈